DIVORCIEI,
e agora?

Editores: *Luiz Saegusa e Cláudia Zaneti Saegusa*
Capa: *Filipa Pinto e Eduardo Foresti*
Projeto gráfico e diagramação: *Casa de Ideias*
Finalização: *Mauro Bufano*
Revisão: *Rosemarie Giudilli*
2ª Revisão: *Clara Tadayozzi*
1ª Edição: *2019*
Impressão: *Lis Gráfica e Editora*
Copyright© Intelítera Editora

```
Dados Internacionais de Catalogação na Publicação (CIP)
         (Câmara Brasileira do Livro, SP, Brasil)


Gimenez, Ana Paula
    Divorciei e agora? / Ana Paula Gimenez. --
São Paulo : Intelítera Editora, 2019.


    ISBN 978-85-7067-011-3


    1. Autoconhecimento 2. Casais - Relacionamento
3. Casamento - Aspectos psicológicos 4. Pais e
filhos - Relacionamento 5. Separação conjugal
6. Vida familiar I. Título.


19-28985                          CDD-155.643
         Índices para catálogo sistemático:


    1. Separação conjugal : Aspectos emocionais :
         Psicologia    155.643


Iolanda Rodrigues Biode - Bibliotecária - CRB-8/10014
```

Letramais Editora

Rua Lucrécia Maciel, 39 - Vila Guarani
CEP 04314-130 - São Paulo - SP
11 2369-5377
www.letramaiseditora.com.br
facebook.com/letramaiseditora
instagram.com/letramaiseditora

ANA PAULA GIMENEZ

DIVORCIEI,
e agora?

Dedicatória

Para minhas amadas filhas, Letizia e Sophia.

Agradecimentos

Agradeço a Deus pela oportunidade de viver neste mundo e publicar esta obra.

Agradeço aos meus pais, Agostinho e Cleide, que me deram a vida, pela dedicação, pelo amor, pelo exemplo e por todo suporte.

Agradeço às minhas filhas, Letizia e Sophia, que me ensinaram o significado do amor incondicional.

Agradeço aos meus tios, que já se encontram em outro plano, mas que me deram muito amor, Tata e Tio Paulo.

Agradeço aos meus irmãos e a todos meus familiares.

Agradeço aos meus editores, Luiz e Claudia, por confiarem no meu trabalho.

Agradeço à minha amiga Márcia Barone por me dar coragem nas horas mais difíceis e não me deixar desistir do Direito.

Agradeço à irmã de coração Cynthia e à D. Luisa por todo apoio.

Agradeço à D. Marlene, que já não se encontra mais neste plano, pelos ensinamentos espirituais.

Agradeço à Rosa e à Cristiane por continuarem este legado.

Agradeço a todas as pessoas que passaram pela minha vida. Certeza de que todas me ensinaram de alguma maneira. Afinal, ninguém passa pela nossa vida sem uma razão.

Agradeço por todas as dificuldades vividas. Se não fossem elas, eu jamais estaria publicando este livro.

Prefácio

A fragilidade dos relacionamentos humanos, bem definida pelo sociólogo polonês Zigmunt Bauman em *Amor líquido* – sobre a fragilidade dos laços humanos, sua obra mais popular entre nós, indica claramente que a sociedade deve aprender a lidar com as consequências dos rompimentos dos elos que unem as pessoas, sejam familiares, decorrentes de amizades ou vínculos profissionais.

Toda alteração da rota inicialmente traçada gera incerteza e insegurança, vez que o desconhecido se mostra sombrio e pouco convidativo, mas a vida nos revela que nem sempre esse fenômeno pode ser ruim ou trágico, podendo, ao contrário, ser causa de boas descobertas e oportunidades melhores.

No que refere às entidades familiares, a questão ganha corpo à medida que a ruptura dos laços gera efeitos que transcendem aqueles relacionados aos diretamente envolvidos e resvala nos ascendentes, descendentes e até nos colaterais, além de outras pessoas próximas, como amigos.

Os reflexos de cunho patrimonial e emocional são inerentes à mudança que se avizinha, exigindo fôlego e maturidade para superar os obstáculos e permitir que se dê continuidade à caminhada, agora com nova configuração.

Neste cenário, a autora Ana Paula Gimenez utiliza suas experiências pessoais e profissionais para falar do término do casamento, e aqui falo do gênero, incluindo todo tipo de união, regida por um contrato ou não, pluriparental ou não, em linguagem de fácil compreensão e com grande sensibilidade.

Com singelos exemplos, a leitura nos permite identificar comportamentos que podem ser considerados boas práticas para que o término do casamento ocorra sem grandes danos aos envolvidos, e também comportamentos nocivos que são causa de sofrimento próprio e alheio e somente prorrogam a ruptura definitiva e servem para magoar aqueles que são caros a nós, com gravosas e deletérias consequências.

O leitor terá, ademais, oportunidade de conhecer algumas formas de solução para conflitos que surgem quando do término de um relacionamento, não sem ser alertado da necessidade de ser feita uma autocrítica, de respeitar o "ex", e em especial de colocar com a integridade física e emocional dos filhos, quando existentes, em primeiro lugar, deixando de lado o egoísmo e o sentimento de vingança para que todos possam sair daquela situação íntegros e menos fragilizados.

Fonte inesgotável de estudos, os relacionamentos humanos e seus conflitos possibilitaram o surgimento de várias formas de enfrentamento que são descritas neste livro, deixando a certeza de que novas formas surgirão, sempre com o objetivo de demonstrar que o divórcio não é o fim do mundo, mas sim o fim de uma etapa, como bem conclui a escritora.

Por fim, deixo registrada minha admiração pela autora deste livro que identificou, nas mudanças que a vida lhe apresentou, oportunidade de crescimento e satisfação pessoal, mudou de profissão, se casou e se divorciou, estudou, sendo mãe de duas crianças em tenra idade, continua estudando e empreendendo sem desistir de ser feliz.

Boa leitura.

Marcia Dalla Déa Barone
Desembargadora do Tribunal
de Justiça de São Paulo

Sumário

1. Considerações Iniciais 13

2. Quando o "felizes para sempre" se torna
"felizes enquanto durou" 19

3. Por que as histórias de amor chegam ao fim?...25

4. Tudo começou com uma história de AMOR.45

5. Casar ou morar juntos? As consequências na
hora da separação 59

6. Descomplicando o Divórcio, a Separação
e a Dissolução da União Estável 71

7. Regime de Bens e Divórcio 81

8. Guarda dos filhos 91

9. Pensão Alimentícia 103

10. Alienação Parental............................. 111

11. Os filhos só podem ser crianças
quando os pais forem adultos................137

12. O amor tem preço? Abandono afetivo......149

13. Unidos pelo litígio 157

14. Novo olhar para os conflitos 173

15. Práticas Colaborativas............................183

16. Família Humanizada 189

17. Divórcio é o fim do mundo? 195

1

Considerações Iniciais

" *Nossos fracassos são, às vezes, mais frutíferos que os êxitos.* **"**

Henry Ford

Ninguém casa para se separar. Ninguém tem filhos imaginando viver longe. O doce sonho do casamento, algumas vezes, vira o pesadelo do divórcio. A separação é o projeto de vida que não deu certo, ou até deu certo, mas somente enquanto durou. O que ninguém pode negar é a ocorrência da frustração de um grande sonho desfeito.

Desde criança, fomos acostumados com as histórias das Princesas da Disney, um mundo encantado, havendo apenas amor entre o casal e sem problemas. O "felizes para sempre" surge logo após o casamento da princesa com seu amado, e ninguém diz qual será o final dessa história.

As histórias de príncipes terminam no momento do casamento, deixando no imaginário infantil que tudo será perfeito após esse momento. Porém, na vida real, geralmente, é após esse momento que aparecem os reais problemas.

A vida real é muito diferente da fantasia. A vida não flui sempre da maneira que imaginamos. As situações mudam, e as pessoas mudam com o tempo, assim os relacionamentos terminam. No divórcio, o castelo encantado com a princesa e o príncipe rui, e o final épico vira "felizes enquanto durou".

Por mais que a sociedade evolua, que o Direito acompanhe essa evolução, a família desfeita sempre gera transtornos para todos os envolvidos, e, principalmente, para os filhos.

A separação é uma etapa da vida que ninguém planeja passar, mas que deve ser enfrentada da maneira menos dolorosa possível.

Não existe forma ideal para encarar isso mas, pela minha experiência profissional e pessoal, explicitarei diversas questões que ajudam a minimizar as dores.

No divórcio, o casal deixa de ser uma dupla conjugal, mas continua sendo parceira na criação de seus filhos. As crianças e adolescentes são os que mais sofrem nesse período, sentem falta daquele que saiu de casa e muitas vezes se sentem culpados pela separação dos pais.

Mas, é o fim do mundo?

Obviamente que não!

Todos temos o direito à felicidade, e não adiantaria insistir no que não está dando certo apenas por convenção social, pelos filhos ou por medo de ficar sozinho.

Todos possuem o direito de reconstruir suas vidas e serem felizes. Existem até tratados internacionais que preveem a felicidade como um direito fundamental do ser humano. Um relacionamento abusivo é muito mais prejudicial do que o rompimento do casamento.

Como eu sempre digo: muito melhor uma relação saudável entre um ex-casal do que um casamento infernal. Nenhum filho gosta que seus pais se separem, porém, brigas diárias, falta de amor, violência e desrespeito geram consequências mais graves do que um ex-casal vivendo bem no pós-divórcio.

Não é fácil para ninguém, mas as crianças se adaptam bem mais que os adultos à nova situação, sendo mais resilientes. Devemos lembrar que, depois de toda tempestade, vem a bonança.

É por isso que resolvi escrever este livro, para falarmos um pouco dessa fase conturbada do divórcio, filhos, pensão alimentícia, guarda, Alienação Parental e outros assuntos de interesse de quem passou, está passando ou está em iminência de passar por isso.

Vale lembrar que este não é um livro científico, não sou psicóloga, mas sim uma advogada, mãe de duas meninas, divorciada, que atua em Direito de Família, diretora da Família Humanizada (que cuida de famílias) e que convive com essas situações na sua vida pessoal e profissional.

Comecei a escrever este livro há três anos, quando minha filha mais nova estava com uma crise de asma na UTI de um hospital em SP. Vocês devem estar me perguntando o porquê de ter demorado tanto. Escrevi, parei, escrevi e parei inúmeras vezes. Tudo acontece no tempo certo e na hora ideal! Adquiri novas experiências na vida profissional, vivi diversas situações na vida pessoal, que somente fizeram este livro ser mais completo. Espero que gostem!

Narrarei casos reais, mas com o cuidado alterar nomes e detalhes para preservar a identidade e a privacidade de meus clientes.

Divorciei, e agora?

Deixa comigo que vou esclarecer suas dúvidas.

2

Quando o "felizes para sempre" se torna "felizes enquanto durou"

> **"Embora ninguém possa voltar atrás e fazer um novo começo, qualquer um pode começar agora e fazer um novo fim."**
>
> Chico Xavier

Ninguém casa para se separar, entretanto, nos dias atuais nunca houve tantos divórcios. Se antes, ser "separado" era ser alvo de preconceito, hoje passou a ser relativamente normal. Com a modernidade e a facilidade de encontrar outras pessoas, principalmente virtualmente, a paciência entre os casais foi diminuindo.

As pessoas passaram a projetar um relacionamento perfeito, mas apenas se esqueceram de que não há pessoas perfeitas, o que torna impossível, portanto, tal realização. Nos namoros, qualquer deslize ou frase mal colocada já gera um rompimento; nos casamentos, a compreensão também diminuiu.

Vou contar a história de Nathália, que foi criada para ser esposa. Ela era inteligente, se destacava na faculdade de economia, era bonita, mas seu sonho era casar. Ela não fazia questão de ser bem-sucedida profissionalmente, desde pequena sonhava somente com o dia do seu casamento. Quando ela via alguma mulher de aliança, já tinha vontade de casar. Nathália imaginava que o seu casamento seria perfeito, o marido seria o príncipe encantado, os dois cozinhariam juntos, não haveria brigas, passeariam, viajariam, fariam as coisas do dia a dia sempre juntos, veriam televisão todos os dias abraçados, ou seja, que seriam eternos apaixonados.

Até que ela conheceu Antonio. Ele era tudo que ela sempre sonhou: família boa, bonito, advogado, carinhoso, apaixonado. Assim, após um ano, eles se casaram.

Ainda em viagem de lua de mel, descobriu que eles mal se conheciam. Não foi nada do que ela esperava. Na volta, ela já percebeu que nem tudo era do jeito que ela imaginava, mas continuou casada. Depois de alguns anos, com um casal de gêmeos, Nathália e Antonio se separaram.

O que era um sonho para ela se tornou um pesadelo.

Ao contrário de Nathália, cujo sonho era casar, Danielli queria ser solteira e aproveitar a vida. Até que conheceu Wagner e decidiu se casar. Foi tudo muito rápido. O sonho de Dani não era ser esposa, mas aconteceu. Eles tiveram um filho e depois se separaram. Mas, já que o casamento não era o sonho dela, doeu menos a separação? Claro que não!

A dor é sempre por um projeto que falhou e varia a intensidade de acordo com a pessoa.

A separação é o fim de um projeto. Por mais racional que seja a pessoa, quando ela decide se unir com outra é porque acredita que possa dar certo.

Esse "dar certo" nem sempre é baseado no amor, pode ser em algum outro interesse, mas mesmo assim o "casamento" é para dar certo.

Ninguém entra já pensando em um rompimento; na verdade, algumas vezes, está claro que dificilmente o relacionamento irá funcionar, mas ainda assim o casal aposta. Separar-se, portanto, é o projeto que aparentemente falhou.

Particularmente, não acredito que seja um projeto que falhou, afinal tudo é aprendizado e experiência.

Muitas pessoas podem ter sido felizes enquanto estavam casadas, e por algum outro problema não deu certo. Nathália e Antonio, por exemplo, se casaram apaixonados, mas foram mudando ao longo do tempo e somente se conheceram realmente após o casamento. Mas, ambos tiraram boas lições desse convívio, além de serem pais dos seus filhos gêmeos.

Nada acontece sem razão na nossa vida, e mesmo das piores situações, podemos tirar uma ótima lembrança e uma boa experiência.

Eu, por exemplo, costumo agradecer tudo de "ruim" que já me aconteceu, pois tais coisas apenas me tornaram uma pessoa melhor e com mais experiência. Sou divorciada, foi bom enquanto durou, tivemos duas filhas maravilhosas, conheci o Direito e me tornei quem sou hoje. Portanto, do meu casamento, mesmo que desfeito, tirei muito aprendizado e gratidão.

3

Por que as histórias de amor chegam ao fim?

"Se o homem continua a ser um filho em busca de uma mãe e a mulher continua a ser uma filha em busca de um pai, suas relações, embora possam ser intensas e afetuosas, não são relacionamentos de homens e mulheres adultos."

Bert Hellinger

O que acontece é que, no século passado, os casais eram mais pacientes, a família era mais sólida, havia o medo do preconceito de ser separado, não existia a tentadora rede social, o que gerava menor número de rompimentos. Na verdade, as pessoas abriam mão de sua felicidade, ou até viviam relações extraconjugais, a fim de preservar a família. Ainda existem aqueles que pensam assim, mas a maioria já busca sua felicidade, algumas vezes até de forma exagerada, como aquelas pessoas que precisam estar sempre apaixonadas, mas que não chegam realmente a amar. Enfim, independentemente da razão, o número de divórcios e de dissoluções de união estável cresce a cada dia mais no Brasil.

Traição

A traição é um dos principais motivos de uma separação, dentre inúmeros outros motivos. Observei nestes anos, na função de advogada de família (não sou psicóloga, então é mera nota), que as traições feminina e masculina costumam ser diferentes. Não sendo machista, mas os homens tendem a trair para satisfazer um desejo carnal, geralmente com mulheres mais jovens ou mais bonitas que suas parceiras. O estímulo do homem costuma ser o visual. Após sua satisfação, geralmente, conseguem voltar ao relacionamento da mesma maneira que era anteriormente, se mostrando mais racionais. Claro que ninguém está livre de se apaixonar, mas a maioria dos homens preferem a estabilidade que traz o casamento (mesmo tendo relacionamentos fora do casamento).

As mulheres, por sua vez, costumam trair quando se apaixonam por outro ou quando estão carentes. Diferentemente do homem, elas procuram alguém que as escute, lhes dê atenção, repare no seu visual, respeite suas opiniões, as admire, ou seja, elas traem por uma conexão emocional. Nem todas são assim, mas a maioria.

Os tempos mudaram, e há muita mulher por aí querendo apenas uma tarde de prazer com seu amante.

Casamento exige a presença emocional de ambos na relação.

Não é apenas dividir a mesma casa ou ter filhos em comum, é participar, conversar, se envolver diariamente. Quando o casal se distancia, foi o que aconteceu com Nathália e Antonio, aparece espaço para traição. Dificilmente, a infidelidade está presente em um relacionamento que está indo bem. Sempre há um vazio que é preenchido por um terceiro. Antonio começou a viajar com frequência a trabalho, Nathália achava legal ficar sozinha em casa somente com os filhos, e assim o distanciamento entre os dois teve início. Antonio conheceu Isadora e passou a ter um relacionamento extraconjugal.

Isadora é a responsável pela traição de Antonio? Não! O terceiro nem sempre é o vilão. Na realidade, Antonio que deveria ter observado esse vazio e conversado com Nathália sobre o que estava sentindo, tentando uma solução para o relacionamento. Isadora pode ter se apaixonado ou pode ter sido enganada, então não devemos julgar uma pessoa que sequer participa desse relacionamento. Claro que existem as pessoas de má-fé, mas cada caso é um caso. A relação é do casal e deveria ser revista sem colocar terceiros no meio dessa confusão. Traição não é legal em momento algum. O ideal é que não ocorra, mas somos seres imperfeitos, e nem sempre acertamos.

Bert Hellinger, criador das constelações familiares, diz: "A esposa que se comporta como se fosse mãe do marido e procura reeducá-lo, pode acontecer desse marido procurar uma amante que fará papel de esposa". Ou seja, a mulher deve ter papel de mulher na vida de um homem, não de mãe, porque senão ele pode procurar fora outra mulher. Do mesmo modo, o marido não deve exercer papel de pai da esposa, mas sim papel de homem. Cada um exerce sua função. Quando Bert diz isso, ele quer dizer que não se pode suprir falta de pai e mãe com os cônjuges, o que gera desequilíbrio familiar, podendo acontecer uma traição. Essa seria apenas uma das causas justificadoras da infidelidade.

Existem sinais que indicam que pode estar havendo uma traição. Quando o parceiro fica mais vaidoso de repente, passa a se cuidar mais, ouve mais músicas, vive com a cabeça avoada, está em redes sociais o tempo todo, muda senhas, apaga ligações e conversas etc. Aquele que trai fica atento e apreensivo com relação ao seu telefone e computador, pois pode receber uma ligação ou mensagem a qualquer momento.

Além disso, a tendência do traidor é se distanciar mais da família, por se sentir culpado. Ele pode passar a se "interessar" mais pelo seu trabalho, usando isso como desculpa para estar na companhia da amante, com reuniões inesperadas e até viagens. Ele tende a fazer favores o tempo todo, como um modo de se afastar do lar para ligações, mensagens e encontros. O sexo pode estar em excesso (está sendo estimulado fora da relação) ou em falta (relacionamento extraconjugal já o completa). Outra maneira é o traidor fazer acusações e cobranças, porque como está errando, pensa que o companheiro pode estar fazendo o mesmo; além de cravar brigas, manipulando a situação e criando a oportunidade de se encontrar com o terceiro.

No caso de Antonio, ele costumava fazer audiências em outros estados, e o número de viagens aumentou significativamente. Nathália flagrava Antonio escutando músicas românticas, ele ficava madrugadas no computador, chorava escondido pela culpa do que estava fazendo, vivia com a cabeça avoada, passou a criticar mais as atitudes dela, começou a desconfiar também da esposa. Já no caso de Danielli, foi ela que traiu Wagner, mas porque se apaixonou pelo Leandro. Leandro adorava escutar suas histórias, elogiava seu cabelo, era carinhoso, ou seja, conquistou o coração dela. Mas assim que se sentiu apaixonada, largou Wagner para viver com Leandro.

Nos dias de hoje, com a era da internet e das redes sociais, surgiu nova modalidade de traição: a virtual.

A traição virtual é aquela em que as pessoas se envolvem por meio de mensagens e e-mails, mas ainda não completaram qualquer ato corporal. Alguns acreditam que não exista este tipo de traição, outros consideram como infidelidade. Para mim, o que importa é o vínculo emocional gerado. Quantas pessoas não começaram relacionamentos virtualmente? Quantas pessoas já não estavam apaixonadas mesmo antes de se conhecerem e tinham criado um vínculo de infinitas afinidades? Acontece! Porém, não sei se é comum gerar o fim de um casamento.

Nem sempre a traição gera o fim do relacionamento, pode ser apenas um ato falho e um fato que gera uma readaptação do casal. A traição indica que algo está errado com aquele casal, que precisa ser revisto.

Mudanças

Dizia Immanuel Kant: "O sábio pode mudar de opinião. O ignorante, nunca". O que acontece é que não é só de opinião sobre algo que podemos mudar, vamos mudando nossos comportamentos e pensamentos ao longo do tempo. São experiências novas, mudança de emprego, novas situações, e as pessoas acabam mudando.

No começo de um relacionamento, a situação é uma, mas como um casal é composto por duas pessoas, cada um vive sua história individual e seu desenvolvimento pessoal. Ambos vão tendo experiências diferentes, e com o passar dos anos são outras pessoas, e a sintonia pode ter acabado. Podem ter mudado seu objetivo de vida, podem ter passado por problemas de saúde, podem ter tido outra oportunidade de emprego, ter mudado de profissão, e mesmo a chegada de filhos muda demais a vida do casal.

Conheci uma advogada chamada Bruna. Ela era recém-formada com mais de 35 anos. Então, perguntei para ela por que ela tinha feito faculdade tão tarde? Aí Bruna me contou que ela tinha se casado com Thiago, que era advogado. Na época, ela era veterinária, mas vendo o marido trabalhar com Direito, passou a gostar do assunto. Me identifiquei de cara com Bruna.

Eu também tinha outra profissão, fui dentista por cinco anos. Mas meu ex-marido era um advogado "concurseiro" (prestava concurso público). No meu caso, vendo-o estudar e assistindo a aulas juntos na TV Justiça, eu me apaixonei por Direito. Aluguei meu consultório na época da faculdade de Direito, tive duas filhas também durante o curso, e hoje, literalmente, vivo somente do Direito.

No meu caso e no de Bruna, nossas vidas mudaram demais. Não que seja motivo para um término de relacionamento. Thiago e Bruna continuam casados, porque as mudanças na vida dela não impactaram na rotina do casal e ela teve apoio do marido. No meu caso, esse não foi o motivo principal de meu divórcio, mas influenciou bastante, principalmente porque ele também passou em um concurso. Ou seja, os dois mudaram de profissão, o que nos distanciou bastante. Mas, eu só tenho que agradecer por ter conhecido o Direito. Se não fossem as aulas na televisão de casa, eu jamais seria advogada.

Outra mudança radical na vida de um casal é a chegada dos filhos.

A rotina do casal muda muito. Antes, a atenção da mulher era para o marido e vice-versa, mas com a chegada da prole, a esposa precisa se dividir entre filho e marido. Muitos homens se sentem abandonados, uma vez que não estão preparados para enfrentar essa fase. É preciso maturidade e paciência para entender a situação da mulher.

O pai também deve participar ativamente da rotina do bebê, para contribuir de forma igual com a chegada do novo integrante. Antes, o casal tinha tempo para fazer viagens, sair para jantar, ir a festas, mas com o nascimento do filho a rotina muda. Por outro lado, por haver muito o que fazer há mulheres que se esquecem totalmente do marido, dedicando-se exclusivamente à criança.

Conforme vamos vivendo coisas novas, situações diversas, vamos nos transformando. Além dessa mudança como pessoa, às vezes, mudamos nosso propósito de vida. Se antes, os dois poderiam estar preocupados em ganhar dinheiro para ter estabilidade financeira, agora, um pode querer desenvolver seu autoconhecimento, e o outro seguir o plano anterior. Óbvio que as pessoas não são idênticas, mas o propósito de um não pode incomodar o outro.

Clara era médica e sempre pensou em ser uma médica rica e bem-sucedida. Ela começou a viver em união estável com José, empresário do ramo farmacêutico que trabalhava muito, com o intuito de acumular patrimônio. Depois de cinco anos de casados, Clara descobriu que era portadora de câncer de mama. Aquilo mudou a vida dela e sua maneira de enxergar a vida. Como médica, ela sentia que isso nunca aconteceria com ela, mas agora ela sabia inclusive de todas as consequências.

Clara sempre foi racional e cética, porém a doença fez com que ela enxergasse que a vida é maior do que somente acumular dinheiro. Ela passou a se interessar por outras coisas, fazer vários cursos para entender o porquê de estar passando por aquilo, conheceu diversas terapias diferentes e se aprofundou na medicina preventiva e holística. Clara se transformou em uma nova mulher e se curou. Seus interesses e os de José não eram mais os mesmos. Eles estavam cada dia mais distantes. E assim, o relacionamento terminou.

Todas essas histórias de vida mostram que nem sempre a traição é a causa maior de término de relacionamentos; as mudanças geralmente podem impactar muito a rotina de um casal. Casar é fácil, mas manter os mesmos interesses e manter, principalmente, o interesse de um pelo outro é bem trabalhoso. Como eu sempre digo, relacionamento se constrói dia a dia, não existe perfeito, as pessoas devem se esforçar. Ninguém é feliz e apaixonado 24 horas por dia. Mas, se os momentos de felicidade são predominantes, então vale a pena o esforço e a revisão de propósitos. A conversa franca com seu parceiro é um ótimo caminho.

Violência Doméstica e Relacionamentos Abusivos

Além da traição e das mudanças como causas de separação, existem os relacionamentos abusivos e a violência doméstica.

Quando falamos de violência contra mulher, já pensamos nos empurrões, puxões de cabelo, tapa na cara e socos. Mas, vocês sabiam que existem outras formas de violência? A Lei Maria da Penha prevê cinco tipos de violência: psicológica, física, moral, patrimonial e sexual.

Geralmente, a violência começa com a psicológica, ou seja, um relacionamento abusivo. No início do namoro, tudo é lindo! O ciúme é tratado como sinal de paixão, o controle é visto como um cuidado com a outra pessoa, a desconfiança é o medo de perder o ser amado. Mas isso, com o passar do tempo, pode tomar dimensão maior e se tornar um domínio total sobre o outro. A pessoa passa a se privar de ter determinadas amizades, de frequentar determinados lugares, de usar algum tipo de roupa, até níveis mais sérios, como deixar empregos e familiares. Enfim, a pressão psicológica começa de maneira branda e silenciosa, mas é muito maléfica.

A lei diz que violência psicológica é "qualquer conduta que lhe cause dano emocional e diminuição da autoestima ou que lhe prejudique e perturbe o pleno desenvolvimento ou que vise degradar ou controlar suas ações, comportamentos, crenças e decisões, mediante ameaça, constrangimento, humilhação, manipulação, isolamento, vigilância constante, perseguição contumaz, insulto, chantagem, violação de sua intimidade, ridicularização, exploração e limitação do direito de ir e vir ou qualquer outro meio que lhe cause prejuízo à saúde psicológica e à autodeterminação".

Ou seja, a violência psicológica vai diminuindo a pessoa, aos poucos, até que sua autoestima e seu psicológico estejam seriamente prejudicados.

Como identificar se estou passando por violência psicológica?

Aquele que te humilha, te faz sentir inferior, faz birras, chantagens emocionais, te faz se sentir culpada, que compartilha seus pensamentos e suas informações pessoais com terceiros, te xinga, te diz que você nunca será amada ou desejada por ninguém: está realizando um abuso psicológico.

Ainda há aquele que te acusa de loucura ou incapacidade de avaliar determinada situação sempre que você o contraria, te afasta do convívio da família e amigos, controla cada vez mais sua vida, te obriga a fazer coisas contra sua vontade para satisfazê-lo, controla o seu modo de se comportar, ou seja, está tendo um comportamento abusivo. Quando o controlado não obedece às suas ordens ou não atende às suas expectativas, o abusador tende a ser agressivo ou a se vingar. Em casos mais extremos, a violência física se faz presente, podendo chegar, em último grau, à morte da parceira.

A ONU diz que 70% das mulheres sofreram ou sofrerão algum tipo de violência durante sua vida. Muitas de nós já sofremos esse tipo de dano, mas na maioria das vezes não denunciamos, porque as pessoas ainda enxergam como "normal", mas não é. Há o que chamamos de escalada da violência, e após a psicológica, vêm as agressões físicas, que podem futuramente chegar ao feminicídio.

Bruna e Ricardo se conheceram adolescentes e namoraram por muitos anos. Bruna era aquela garota que chamava atenção por onde passava. Não era perfeita fisicamente, mas o seu jeito de ser conquistava qualquer um. Ricardo sentia-se incomodado com isso. Era ciumento e queria a toda hora provar que era melhor que ela. Após várias crises de ciúme, Ricardo começou a manipular Bruna. Primeiramente, dando em cima de outras mulheres para provocá-la. Ele costumava controlar todas as redes sociais dela e selecionar suas amizades. Em seguida, ele passou a tratar mal a namorada: culpava-a por tudo, a diminuía perante as pessoas, não elogiava, não dava carinho, e por fim, queria que ela abandonasse a pós-graduação.

Eram tantos anos juntos, que Bruna, apesar de ser uma pessoa autoconfiante, passou a ter autoestima baixa. Ela pensava em terminar, mas não conseguia. Até que uma depressão profunda a acometeu, e ela quase tentou o suicídio. Mas graças a Deus, seus familiares perceberam, e ela foi tratada. Com a ajuda de terapia e medicamentos, Bruna se curou e teve coragem de terminar o namoro. Mas, vocês têm ideia de quantas mulheres, iguais à Bruna, sofrem violência psicológica?

Ao menor sinal de que você esteja passando por uma violência psicológica, procure ajuda. Não tenha medo de terminar algo que está te fazendo mal, uma vez que a tendência é piorar, quando o agressor não é tratado e ressocializado. O que começa como "normal" pode causar dano imenso, já que é um tipo de violência silenciosa, porém arrasadora.

Outro tipo de violência é a violência moral, em que o agressor comete os crimes de calúnia, injúria ou difamação. Na calúnia, o agressor diz que a vítima cometeu um crime, sendo esse fato totalmente mentiroso. Na difamação, o agressor rebaixa a imagem da vítima para outras pessoas. Por fim, na injúria, o agressor xinga e agride verbalmente a vítima. Então, se João diz que Ana cometeu algum crime contra o Estatuto da Criança e Adolescente, João está caluniando Ana. Se Pedro fala mal de Maria, dizendo que ela é louca, bipolar, que tem alguma doença venérea, por exemplo, ele a está difamando. Por sua vez, se Gustavo chama Glaucia de "vagabunda" e grita com ela, ele está cometendo uma injúria. Essas são as violências morais previstas na Lei Maria da Penha.

Existe, também, a violência patrimonial, ou seja, aquela que atinge o patrimônio da vítima. Quem nunca ouviu um caso em que o marido, para se vingar, tirou o cartão de crédito da esposa? Outros preferem jogar o celular longe. Além disso, é muito comum um dos cônjuges desviar bens do outro e fraudar.

Por último, temos a violência sexual, que segundo a Lei Maria da Penha, é: "Qualquer conduta que a constranja a presenciar, a manter ou a participar de relação sexual não desejada, mediante intimidação, ameaça, coação ou uso da força; que a induza a comercializar ou a utilizar, de qualquer modo, a sua sexualidade, que a impeça de usar qualquer método contraceptivo ou que a force ao matrimônio, à gravidez, ao aborto ou à prostituição, mediante coação, chantagem, suborno ou manipulação; ou que limite ou anule o exercício de seus direitos sexuais e reprodutivos". São inúmeros exemplos que podemos dar em relação à violência sexual.

O marido que obriga a esposa a frequentar uma casa de *swing* ou inclui uma terceira pessoa na relação, aquele que obriga a esposa a engravidar ou abortar, aquele que induz sua mulher a se prostituir; tudo isso usando de coação, manipulação ou chantagem, ou seja, o homem manipula a mulher a fazer coisas que ela não quer. As pessoas devem ter a liberdade de usar seu corpo e sua sexualidade como quiserem, e os companheiros não podem tolher essa liberdade.

A violência começa com a psicológica, mais tarde passa para outros tipos, até chegar na física. Se a mulher não toma qualquer atitude, acontece o que chamamos de escalada da violência, podendo chegar ao feminicídio. Nada mais é do que matar uma mulher.

O agressor, geralmente, age em ciclo, a qual chamamos ciclo da violência. A primeira fase é a tensão, fase em que começam os atritos entre o casal, porém ainda não há violência. A segunda fase é a agressão, que pode ser qualquer uma dessas cinco violências descritas pela lei. E a terceira fase é a ocasião em que o agressor promete que vai mudar e que não haverá mais agressão. A vítima acaba perdoando e assim cria certa dependência.

Não é fácil sair desse ciclo, pois sempre acreditamos que nosso amor irá mudar. Muitas vezes, nos achamos culpadas pelo comportamento do outro. E a história vai se repetindo. Infelizmente, nossa sociedade costuma ver homem explosivo como um homem com atitude; já a mulher explosiva é tachada de louca. As próprias mulheres julgam umas às outras.

A denúncia é muito importante, porém, a maioria das mulheres não faz por vergonha, para manter a família, para evitar julgamento e pelos filhos. Mas, uma hora esse ciclo de violência deve ser quebrado. Quando a mulher decide dar um basta, é quando ocorre o divórcio e o afastamento do agressor.

Simplesmente, o amor acabou.

Há términos que não precisam ser analisados, algo aconteceu e o amor acabou. Na maioria das vezes, um já saiu da relação. Como diz uma frase que ouvi: "A relação é um elástico, quem solta primeiro sai ileso, mas quem continua segurando se machuca". Ou seja, aquele que terminou já foi se preparando e soltou o elástico. Agora, aquele que é pego de surpresa sempre sai ferido. E quem nunca passou por isso alguma vez na vida? Mas acontece, com o tempo superamos.

Se em um namoro já é dolorido, imagine para quem constituiu uma família? Portanto, se você está se sentindo assim, saiba que passa, e é normal se sentir triste, afinal,

casamento é um projeto de vida,
e o divórcio é o anúncio de que
esse projeto não deu certo,
ou deu certo enquanto durou.

O que importa é que cada vez mais as pessoas buscam sua felicidade, e se algo não está funcionando bem, se todas as soluções já foram tentadas, o melhor é cada um seguir seu rumo. Sempre digo que devemos tentar preservar a família ao máximo, porém, para tudo há um limite. Cada um tem o seu próprio limite e esse limite deve ser respeitado.

Paula, por exemplo, casou apaixonada pelo Cristian. Com o tempo, a relação foi se desgastando, eles foram se distanciando e ela deixou de amá-lo. Ela gostava dele, mas como um irmão. Ela tentou de tudo; faziam programas diferentes, viagens, terapia, mas, mesmo com um filho, o divórcio aconteceu. Paula tentou, mas, infelizmente, acabou. Ela seria infeliz se continuasse casada naquelas condições. Cristian sofreu muito, pois não esperava, mas com o tempo se reergueu. Hoje, ele namora Milena e está feliz. A dor da separação fez com que ele revisasse suas atitudes, e hoje ele vive um relacionamento saudável com sua nova companheira.

Em suma, os motivos para o fim de um relacionamento duradouro são variados. O final de um projeto pessoal de vida, que é a relação afetiva, deve ser realizado da maneira menos traumática possível, com maturidade e consciência, deixando mágoas e ressentimentos de lado. O ponto final do casamento, às vezes, é inevitável, mas o divórcio não é o fim do mundo.

4

Tudo começou com uma história de AMOR

" *O coração é um despertador imprevisível. Jamais saberemos quando vai disparar por alguém e nos acordar da inércia.* **"**

Fabrício Carpinejar

Devemos ter em mente que tudo começou com uma história de amor. Quando o divórcio acontece, é porque o amor adoeceu. Então, aquelas pessoas que estão se separando um dia se amaram. No momento do rompimento, é comum haver mágoas e ressentimentos, mas o respeito deve permanecer. Vamos relembrar o que é o amor, para que as pessoas acalmem seu coração e relembrem como tudo começou.

Alguém sabe definir o que é o amor?

Na realidade, o amor é algo difícil de ser definido em palavras, mas fácil de ser sentido. O amor é o sentimento mais sublime que existe. Antes de um relacionamento amoroso, há o amor universal, aquele que une as pessoas em um mesmo propósito e mesma energia. Dizem que um dia iremos chegar nesse patamar de amarmos uns aos outros integralmente.

Paixão não é amor

Quando falamos de amor relacionado a relações afetivas, em primeiro lugar, devemos perceber que amor é diferente de paixão. Na paixão, algumas pessoas costumam perder a noção da realidade e viver em um mundo paralelo.

Costumo ver pessoas que se casam em três meses; com o tempo o relacionamento pode se tornar difícil, pois não se conhecem o suficiente.

Casaram-se no auge do fogo da paixão, quando ainda os defeitos são imperceptíveis ou toleráveis. Costumo ver pessoas que não conseguem mais se concentrar no trabalho, que deixam filhos de lado, que se afastam de amigos, que mudam de cidade, movidos na empolgação da paixão, que nem sempre é nossa melhor conselheira.

Aliás, o ideal seria acalmar esse fogo ardente da paixão, para tomar uma decisão mais drástica de mudanças de vida.

Uma vez, atendi a Raissa e ao Matheus, que queriam se separar. Eles se conheceram pela *internet*, se empolgaram, se apaixonaram e assinaram uma escritura de união estável em apenas dois meses. A família de Raissa era contra essa pressa de ambos, porque achava que ela deveria conhecer melhor Matheus. Mas, vocês já se apaixonaram? Sabem como é então. Eles estavam completamente doidos um pelo outro.

Raissa, ao acreditar piamente em tudo que Matheus lhe contava, rompeu relações com sua família após seu casamento. Após um ano e meio, ela voltou para casa dos pais pedindo perdão, por descobrir que Matheus era estelionatário.

Quando a paixão acabou, um começou a enxergar verdadeiramente quem era o outro. Nas primeiras brigas, Matheus já se mostrou extremamente violento e desequilibrado. O que aconteceu com os dois foi que eles estavam cegos de paixão, e a paixão nem sempre vira amor, ainda mais com tão pouco tempo de convívio, em que o casal sequer se conhece.

Há, ainda, os viciados em se apaixonar!

Sim! Aqueles que não conseguem ter um relacionamento sério, porque viciaram na adrenalina da paixão. O que os move é o frio na barriga e a ânsia pelo novo. Quando as certezas aparecem, o relacionamento se estabiliza, parece que perde a graça para os viciados em se apaixonar. Eles fazem tudo pelo outro, e de repente, de uma hora para outra, já não querem mais, porque não sentem mais as borboletas no estômago.

Síndrome de Don Juan ou vício da sedução

Existe até uma síndrome, chamada Síndrome de Don Juan ou vício da sedução, que é a necessidade constante de seduzir ou conquistar outra pessoa. O portador da síndrome, geralmente, por um complexo de rejeição ou medo de ser abandonado, mesmo que inconscientemente, faz de tudo para que o outro se apaixone por ele.

Não há limites nessa sedução, pois há manipulação e jogo até que sua "presa" se apaixone, hora em que a relação perde a graça para o sedutor e ele sai fora da relação. O sedutor, na maioria das vezes, não quer se aprofundar na relação ou ter um relacionamento duradouro, sendo seu único objetivo fazer com que o outro se apaixone por ele.

Minha amiga Paula caiu nas garras de um Don Juan. Eles tinham amigos em comum, Don Juan a seguia no *Instagram*, até que um dia ele passou a comentar as postagens dela.

Ele era inteligente, bom profissional, tinha dois filhos, mestrado e era bonito. Os comentários passaram a chamar atenção de Paula, todos bem redigidos e nenhum indício de "xaveco". Um dia, a filha de Paula ficou internada, e Paula era mãe solteira. Ela postou o fato na rede social, e logo

Don Juan aproveitou a oportunidade para criar uma conexão maior. Conversou com ela, acalmou sua então amiga virtual, e naquele momento de fragilidade Paula começou a enxergá-lo com outros olhos.

Após um mês de conversas mais intensas, descobriram amigos em comum e Don Juan a convidou para um show, ela aceitou. Logo de cara, ele já disse que não queria um relacionamento, mas suas atitudes diziam o contrário.

Foram dias intensos, pouco mais de um mês. Programas românticos, conversas sobre todos os assuntos (falavam desde religião, filhos, relacionamentos, até assuntos profissionais e acadêmicos). Quando, finalmente, Paula se apaixonou!

Ela estava com seu coração "fechado para balanço" fazia muito tempo, e começou a pensar que tinha sido bom esperar, porque Don Juan era compatível com tudo que ela sempre quis. Além disso, tinha química, olho no olho, carinho, ela estava nas nuvens. Se Paula tinha uma lista em sua mente de homem ideal, Don Juan parecia preencher todos os requisitos.

Quando, de repente, Don Juan percebeu que Paula estava apaixonada. Então, o mundo dela desmoronou! Ele deixou de vê-la com frequência, evitava encontrá-la, começou a ter comportamentos duvidosos nas redes sociais, como interagir com várias outras mulheres, apagar todos os seus próprios comentários nas páginas de Paula, descurtir fotos de Paula. Ela não tinha mais graça para ele. Ele não precisava mais conquistar, ela já estava apaixonada. Assim, após passarem uma noite juntos em total sintonia, no dia seguinte, por *FaceTime*, ele foi claro, dizendo que não queria mais nada com ela.

Paula sofreu. No início, achou que ele estivesse fugindo do sentimento de gostar de alguém, uma vez que ele se dizia traumatizado por relações anteriores. Ela tentava entender; às vezes, ele curtia uma foto ou outra, assistia a *story* no *Instagram*, ele mandava um "te adoro", mas jamais quis vê-la novamente.

> **Na verdade, quando ele sentia que Paula dava continuidade em sua própria vida, ele ia lá e jogava uma migalhinha para ela.**

Era o jogo para alimentar o ego, que no fundo era fragilizado, o do Don Juan.

Mas, Paula era inteligente e passou a observar seu comportamento com outras mulheres e a reação delas. Até que viu que se tratava de uma pessoa com o vício da sedução e simplesmente desapaixonou. Ele fazia igual com todas.

Precisamos lembrar que esse vício não acomete somente os homens, mas as mulheres também. Algumas apenas querem seduzir, mas não levam relacionamentos adiante. O problema dessa síndrome é quando o Don Juan somente acredita que conquistou mesmo depois do casamento. Aí há o ensejo do divórcio. Mas, vamos voltar a falar de amor?

Amor, simplesmente amor

Amor, diferente de paixão, é construção.

Em uma definição bem romantizada, eu diria: o amor é você acordar pensando em alguém, querer a pessoa com todos os seus defeitos e todas as suas loucuras ou chatices; é querer ligar para contar tudo o que te acontece, é brigar e depois ver a falta que ela te faz; é rir e chorar juntos, é dividir momentos bons e saber dividir os difíceis, é ouvir uma música e lembrar dela, é olhar no *WhatsApp* só para ver se a pessoa está *online*. É olhar para o outro e pensar "quero ficar velhinho com ela" ou "quero ter um filho com ele"; é querer só saber como o outro está, é querer nunca mais ver o outro e minutos depois se arrepender de ter pensado isso. Amor é admiração, é pele, tem cheiro, tem sabor, tem vontade, tem lembrança, tem dedicação.

Amor é construído com o tempo!

Amar é entender as diferenças.

Existem pessoas que são carinhosas, demonstram seus sentimentos, se desnudam sentimentalmente; outras são fechadas, não se expõem, não se entregam ou simplesmente não falam o que realmente sentem. Reciprocidade é o que faz as coisas darem certo, no amor, no trabalho, na família e na amizade. Mas, o que acontece quando duas pessoas tão diferentes se encontram?

Bom, se realmente se amarem, vão se adaptar ao jeito do outro, vão ceder em outros momentos e vão aprender a lidar com esse tipo de diferença. O que importa é que as pessoas não tenham medo de amar e de se entregar.

Não acho que os opostos se atraiam! Esse era um pensamento que eu tinha quando era mais jovem. Para que um relacionamento dê certo, deve haver objetivos e, principalmente, gostos parecidos. No começo do relacionamento, cedemos ao outro pela paixão, porém, quando a chama da paixão diminui para dar lugar ao amor, algumas vezes percebemos que não fomos nós mesmos.

Percebemos que usamos uma máscara para viver uma paixão, com o objetivo de escondermos nossos defeitos ou nossos gostos do outro. A admiração é a principal chave do amor; quando se perde a admiração pelo outro, dificilmente, o relacionamento se sustenta.

Amar é não competir. O casal deve caminhar junto, deve ter apoio mútuo.

Amar é saber quando deixar o outro brilhar sozinho e ficar feliz por isso, é permitir que a felicidade do outro seja a sua também.

Quando um casal começa a competir quem é o mais bonito, quem é o mais bem-sucedido profissionalmente, quem é o mais querido pelos filhos, perde-se a parceria e surge a concorrência. Essa é uma das maneiras de minar um relacionamento. A competição, muitas vezes, leva ao divórcio pelo tamanho desgaste que gera em um relacionamento.

Na sociedade em que vivemos, há homens que não suportam estar ao lado de mulheres fortes e bem-sucedidas. Na realidade, se sentem diminuídos, quando deveriam ter orgulho de estar ao lado de mulheres assim.

Quando eu era mais nova, imaginava que os homens não gostassem de mulheres submissas ou donas de casa, mas com o passar dos anos, fui vendo que a maioria dos homens prefere mulheres mais frágeis. É o instinto masculino. Somente os corajosos e seguros se orgulham de uma mulher bem-sucedida ao seu lado.

Com a era digital, crescem as relações superficiais, como bem descreve o sociólogo Zygmunt Bauman em sua teoria sobre o amor líquido. Temos a facilidade de encontrar um parceiro por um dia, e a dificuldade de encontrar alguém para viver para o resto de nossas vidas.

Nos baseamos nas fotos, nas postagens, nos *likes*; uma vida criada para o mundo digital, que nem sempre é real. Pensamos: "Nossa, a vida de fulano está ótima", "fulana está tão feliz com o namorado", "fulano e fulana têm o casamento perfeito", porém, isso, na maioria das vezes, não demonstra a realidade.

Todos temos problemas, defeitos, inseguranças que se escondem atrás de postagens. Claro que as pessoas mostram seu melhor digitalmente, o que tem gerado a busca incessante pela vida perfeita, corpo perfeito e relacionamento perfeito. As pessoas estão deixando de dar valor para o que realmente importa, vivendo um mundo "fakebook".

Amor não é descartável como sugere a *internet* ou a modernidade. O que eu vejo são as pessoas vivendo cada dia mais sozinhas, dentro de suas próprias bolhas. Estamos procurando os relacionamentos perfeitos e as pessoas perfeitas que vemos nas redes sociais, mas não existem. Parece que estamos o tempo todo esperando a pessoa extraordinária aparecer e mudar nossas vidas. Sempre comparando o parceiro com o fulano sarado ou rico do mundo virtual.

Não somos perfeitos! Somos todos humanos, com defeitos e qualidades. Basta nos aceitar e aceitar o outro. Esse é um dos motivos do crescimento incessante do número de separações entre os casais.

A gente não ama o outro pela sua perfeição, já que ela não existe. A gente não ama pela beleza, porque um dia ela acaba. A gente não ama pelo dinheiro, porque ele pode trazer felicidade, mas uma felicidade superficial, que no fundo não completa ser humano algum.

A gente não ama as qualidades, amamos sim os defeitos. Amar é justamente suportar o lado ruim do outro, porque, quando se aceita tudo ou se concorda com tudo, não é amor.

O divórcio é uma consequência de uma história de amor. As pessoas começaram se gostando, mas infelizmente as coisas não caminharam como elas gostariam.

Se você está passando por um processo de separação e lendo este livro, tente se lembrar dos momentos bons vividos, tente recordar o dia em que se conheceram, isso ajuda a diminuir mágoas que estejam presentes.

Os profissionais envolvidos neste rompimento – advogados, juízes, promotores, mediadores – não podem se esquecer de que aquelas pessoas estavam juntas por uma história de amor que acabou adoecendo, para não fomentar ainda mais aquele conflito. Estamos lidando com pessoas com o amor doente, e essa dor machuca, e muito. Temos de pensar que um dia foi um sonho, mas não pode se transformar em um pesadelo. A história de amor deve ser tratada com cuidado e respeito, lembrando que aquelas pessoas já se amaram.

5

Casar ou morar juntos? As consequências na hora da separação

" O equilíbrio entre o dar e receber mantém o amor na relação. "

Bert Hellinger

O casamento deixou de ser o principal formador das famílias, surgindo a cada dia maior número de uniões estáveis. Casamento e união estável são institutos diferentes, porém com simetrias. Ambos são estruturas de convívio que se originam por um elo afetivo. Porém, o matrimônio se inicia em uma data determinada, ou seja, na celebração do casamento, enquanto a união estável se inicia ao longo do tempo, com o entrelaçamento de vidas ou por meio de contrato de convivência.

"Casamento é a comunhão plena de vidas, com base na igualdade de direitos e deveres dos cônjuges", definição dada pela lei. Para que o casamento ocorra, o marido e a mulher devem manifestar sua vontade perante um juiz. Quem pretende se casar, deve ser maior de 16 anos de idade. Há uma série de formalidades para se casar, como habilitação e proclamas, feitas no Cartório de Registro de Pessoas Civis. Por tais motivos, as pessoas estão deixando de optar pelo matrimônio.

A solenidade do casamento deve ocorrer em data, hora e lugar previamente designados. Se for na sede do cartório, será feita de portas abertas, com publicidade, na presença de duas testemunhas. Mas, se acontecer em edifício particular, o número de testemunhas aumenta para quatro. Uma curiosidade é que o casamento pode ser realizado por procuração, sem que um dos noivos esteja presente.

No casamento, um dos cônjuges pode adquirir o sobrenome do outro. Se o homem tem sobrenome Silva, e a mulher, o sobrenome Oliveira, um pode adotar o sobrenome do outro, formando a família Silva Oliveira ou Oliveira Silva. Tradicionalmente, é somente a esposa que adquire o sobrenome do marido, mas a lei permite o contrário também.

São deveres, previstos no Código Civil, aos cônjuges durante o casamento: fidelidade, morar na mesma casa, assistência mútua, respeito, além das questões relacionadas aos filhos (educação, sustento e guarda dos menores).

O que muita gente não sabe é que a infidelidade não importa mais no momento do divórcio, mas pode gerar pagamento de indenização pelo traidor ao traído dependendo do caso concreto e do dano causado.

Não é toda infidelidade que gera o dever de indenizar, somente em pouquíssimos casos.

No escritório, sempre aparecem clientes com várias provas de traição, querendo se vingar do seu "ex." Mas para sua surpresa, eu explico que hoje não se discute mais culpa. Não importa a razão pela qual aquela união chegou ao fim, uma vez que o divórcio não precisa de motivação, basta uma das partes querer. Com isso, concluímos que a própria lei já direciona um comportamento, sendo a figura do casamento extremamente regulamentada e formal. Exceto a escolha do parceiro, a lei diz a forma que será, como será, quais regimes de bens, procedimento para casamento e até os deveres dos cônjuges.

Por ser a forma mais antiga de constituir uma família, o casamento é ainda visto por muitos como a única forma válida, o que não é a realidade. A sociedade mudou ao longo dos anos, e o Direito acompanhou sua evolução.

A união estável, por muitos anos, foi considerada família de segunda categoria e sofria certo preconceito. Na época em que o divórcio não existia, as pessoas costumavam viver em união estável, chamada de concubinato, mesmo estando separadas de fato de seus ex-parceiros.

Com a Constituição Federal de 1988, a união estável passou a ter o mesmo patamar de família que o casamento, porém, o nosso Código Civil ainda dava um tratamento diferenciado, principalmente, quanto à sucessão do companheiro.

A lei não define união estável, mas expõe suas características. É a união entre um homem e uma mulher (hoje é reconhecida a união das pessoas do mesmo sexo), configurada na convivência pública, contínua, duradoura e com objetivo de constituir família.

Não há prazo mínimo de convivência para que essa união seja caracterizada, ou seja, as pessoas não precisam de determinado número de anos juntas. Porém, a convivência deve ser sem interrupções, sendo o casal visto tal qual uma entidade familiar. Não é necessário, também, que convivam na mesma casa. Sim, o casal pode morar em casas separadas e viver em união estável. Porém, o requisito fundamental é constituir família.

Namoro não é união estável, pois, mesmo que os namorados morem juntos, não há a intenção de formar família.

É essencial que o objetivo da união estável seja a constituição de família, ou seja, que os parceiros vivam como se casados fossem. É uma comunhão de vidas no sentido material e imaterial.

Lembro-me de Clara, que foi morar com seu namorado Arthur na Espanha. Arthur foi trabalhar no país, e ela permaneceu no Brasil. Após meses namorando a distância, Clara conseguiu uma bolsa na Universidade Complutense de Madrid para fazer seu mestrado, ou seja, uniu o útil ao agradável. Poderia morar na mesma cidade do namorado. Com o objetivo de economizarem, Clara e Arthur passaram a dividir um apartamento. Após um ano, Clara comprou uma casa no Brasil. Seis meses depois, Arthur e Clara terminaram o relacionamento. Arthur teria direito ao apartamento de Clara no Brasil?

Ele acreditou que sim e entrou com uma demanda judicial. Porém, o juiz entendeu que apesar de morarem juntos, era namoro, porque não tinham intuito de formar família, simplesmente dividiam o apartamento por morarem no exterior. Isso mostra somente que a união estável não é apenas morar na mesma casa, aliás, isso não é requisito desse instituto, deve haver, sim, a real intenção de constituir família.

Lembre-se de que união estável é diferente de concubinato. A união estável possui os mesmos impedimentos do casamento (como não poder casar pessoas que já são casadas ou casamento entre irmãos), mas é um "casamento informal". Por sua vez, concubinato é o termo usado para as relações informais, em que as pessoas são impedidas de casar ou constituir união estável e não podem expor seus relacionamentos perante à sociedade, como no caso dos amantes.

Antigamente, a palavra concubinato era usada para se referir também à união estável; hoje são institutos diferentes. União estável é lícita, mas informal; o concubinato é a união de pessoas que não podem se casar (por exemplo, a pessoa já é casada). Não me esqueço da minha mãe falando que fulana era concubina de fulano; na verdade, fulana vivia em união estável com fulano, que já tinha sido casado. Nesse caso, não se trata de concubinato, contudo, as pessoas costumam usar o termo antigo.

Alguns conviventes optam por celebrar um contrato de convivência. O contrato de união estável pode ser particular ou por escritura pública feita em cartório. Se não houver contrato de convivência determinando regime de bens, todos os bens adquiridos na constância da união estável serão de ambos os companheiros (regime de comunhão parcial de bens).

Quem vive em união estável tem o direito de adquirir o sobrenome do outro. Após a morte de um dos conviventes, o outro tem direito à herança, direito real de habitação (garantia de continuar residindo no imóvel único de lar do casal) e direito de benefícios previdenciários.

São deveres dos companheiros previstos na lei: lealdade, respeito e assistência, e de guarda, sustento e educação dos filhos. Veja que na união estável, a lei diz "lealdade", e no casamento, deve haver "fidelidade". Os mesmos impedimentos do casamento, como casar com pessoa já casada ou casamento entre irmãos, são impedimentos também para a união estável.

A família não é formada pelo direito, mas é um fato natural, ocorrendo pela união das pessoas, independentemente de estarem ou não regularmente constituídas no mundo jurídico. Em 2016, o Supremo Tribunal Federal igualou ainda mais os direitos dos cônjuges e dos companheiros, dando-lhes o mesmo tratamento quanto à sucessão na herança.

Por que as pessoas estão optando por viver em União Estável?

Como vimos, os direitos de cônjuges e companheiros foram igualados; a principal diferença está na formalidade ou não da constituição da família. O casamento segue regras da lei, e a união estável pode ser informal ou formalizada de maneira menos rígida que o casamento. Portanto, a consequência na separação de um casal que vive em união estável ou casado é praticamente a mesma, mudando de acordo com o regime de bens.

E por que as pessoas optam mais pela união estável? Em primeiro lugar, se formos analisar, os relacionamentos estão cada dia mais passageiros, portanto, o casamento, dependendo do caso, é mais trabalhoso para acabar. Há ainda a doce ilusão de que o companheiro não tem direito a nada, e o cônjuge tem tais direitos. O que não é verdade, como já vimos.

Cônjuges e companheiros possuem, cada vez mais, o mesmo tratamento no mundo jurídico. Portanto, não se casar pensando em não dividir os bens é o maior erro que se pode cometer.

Não seria mais fácil casar e depois divorciar do que viver em união estável? Essa é a pergunta que fica no ar. Mas, creio que o casamento ainda gera um ar de maior comprometimento, e, no mundo atual, as pessoas estão ficando cada vez menos comprometidas. O peso da palavra "casamento" ainda é muito forte. As pessoas se sentem mais responsabilizadas e comprometidas com o "fazer dar certo".

Quando uma união estável termina sem filhos, por exemplo, na cabeça da maioria é como se acabasse um namoro, sem qualquer direito ou obrigação. As pessoas se esquecem de que, no casamento com separação total de bens, não há patrimônio para dividir, ao contrário de uma união estável sem contrato, em que os bens adquiridos em sua constância podem ser divididos. Então, apesar de o casamento dar a impressão de mais comprometimento, todos devem saber que a união estável gera os mesmos direitos, por isso a importância de um contrato de convivência. Não são raros os casos em que, quando a união estável se tornou um casamento, o relacionamento acabou.

Aqueles que vivem em união estável preferem criar suas próprias regras, com menos intervenção estatal.

> *O que importa não é a forma*
> *como vive a família,*
> *mas, sim, o afeto.*

Algumas vezes, é muito importante fazer o chamado *test drive* para saber se um vai se adaptar à rotina do outro, se a convivência será prazerosa ou se um aguentará as manias do outro.

Assim, concluímos que "morar juntos" não necessariamente necessita ser na mesma casa, basta que o intuito seja a constituição de uma família, e a relação seja contínua, duradoura e pública. É o viver "como se casados fossem". Ainda devemos lembrar que os dois institutos foram igualados e geram os mesmos direitos e obrigações.

Contrato de Namoro

Vocês sabiam que é possível firmar um contrato de namoro? Sim, uma parte dos nossos doutrinadores defende essa ideia. A função seria proteger o patrimônio dos namorados e diferenciar da união estável.

O contrato de namoro ainda não é muito difundido no nosso país, mas é uma alternativa para quem quer deixar seus bens protegidos. Trata-se de um documento assinado por ambas as partes em um relacionamento, no qual os envolvidos assumem a condição de namorados, mas sem o intuito de formar família.

O contrato de namoro evita que um casal de namorados, que ainda não tenha amadurecido esse interesse de constituir família ou deliberadamente não se proponha a tanto, venha a adquirir patrimônio particular, ou seja, com recursos individualizados, sem esforço comum.

Como vimos na história de Bruna e Arthur, eles pretendiam ter um namoro e eles poderiam ter feito um contrato. Se existisse esse instrumento, eles não discutiriam tal questão judicialmente, já que estaria tudo preestabelecido por ambos. É uma forma de proteção, porém, ainda é novidade em nossa sociedade.

Vale lembrar que uma parte dos juristas questiona a validade desse tipo de contrato. É questão discutida no mundo do Direito. Mas, se as pessoas possuem autonomia da vontade, por que não as deixar criar suas próprias regras para seu relacionamento? Essa é a pergunta que fica.

6

Descomplicando o Divórcio, a Separação e a Dissolução da União Estável

" Não há plenitude nas relações humanas sem esforço mútuo. "

Jaime Ribeiro

Quando um casal se casa, e a relação está prestes a ruir, eles podem optar pela separação ou pelo divórcio. A separação rompe a sociedade conjugal, pondo fim ao regime de bens, porém, não dissolve o vínculo conjugal, ou seja, se o casal quiser, pode restabelecer o casamento sem precisar se casar novamente. Tanto o divórcio, quanto a separação farão com que finalizem os deveres do casal (já expostos anteriormente: fidelidade, convivência etc).

O divórcio, por sua vez, cessa o regime de bens e dissolve a sociedade conjugal. Ou melhor, quando um casal se divorcia, todos os vínculos são desfeitos, com exceção dos filhos. Não precisa de prazo mínimo de casamento para pedir divórcio, como se diz: "Casa-se em um dia e se divorcia no outro". Se o casal se arrepender do divórcio, somente poderá restabelecer o matrimônio se casando novamente.

Mas nem sempre foi assim, antes era necessário fazer uma separação judicial ou separação de fato, anterior ao pedido de divórcio. A separação extinguia os deveres do casamento e cessava o regime de bens, mas não dissolvia a sociedade conjugal, ou seja, em caso de arrependimento, não era necessário novo casamento, pois os casais podiam restabelecer o casamento, considerando que o vínculo não estava dissolvido.

Para entrar com o pedido de divórcio, era preciso estar separado judicialmente por um ano, ou estar vivendo separado (chamamos de separação de fato) por dois anos. Somente após esse lapso temporal era possível o divórcio. Acreditava-se que, nesse período, o casal podia repensar e restabelecer o casamento. Atualmente, o casal pode optar pela separação ou pelo divórcio, mas não tem mais a necessidade de esperar tais lapsos temporais.

Em 2010, nossa Constituição Federal foi emendada, desaparecendo a necessidade da separação prévia, passando o divórcio a ser direto. Para as pessoas que estão separadas judicialmente, mas não estão divorciadas, há uma ação chamada "Ação de conversão de separação judicial em divórcio", que soluciona essa questão.

Cintia era casada com Rafael. Após 12 anos de casamento, eles queriam se separar. Vieram me consultar, mas ambos estavam tão emocionados, que perguntei se essa era mesmo a vontade deles. Eles decidiram ir embora para pensar um pouco mais. Após um mês, disseram que queriam se separar, mas questionaram sobre o fato de eles se arrependerem. Eu expliquei que, em caso de separação, o regime de bens deles acabaria, mas eles manteriam o vínculo, não podendo se casar com outras pessoas. Disse que eles poderiam restabelecer o casamento a qualquer momento, sem precisar se casar de novo. Como eles estavam inseguros, optaram pela separação judicial e acabaram reatando após um ano. Se eles tivessem se divorciado, eles precisariam se casar novamente.

Existem duas maneiras de realizar um divórcio: judicial ou extrajudicial.

O divórcio extrajudicial é feito no Cartório, deve ser consensual e com ausência de filhos menores. Se houver filhos menores, é impossível esse tipo de divórcio, porque o promotor precisa opinar. No divórcio judicial, trata-se de uma ação ingressada por um advogado ou defensor público, em que um juiz deve decretar o divórcio ao casal.

O divórcio judicial, assim também a separação, podem ser: consensual, quando o casal faz um acordo; ou litigioso, quando não há acordo e o juiz irá decidir como ficarão as questões relativas ao divórcio. No divórcio consensual, o casal pode optar apenas por um advogado, que formaliza o acordo e ingressa com a ação judicial de divórcio consensual. Verificada se a ação foi ingressada com todos os requisitos corretamente, após a manifestação do promotor, o juiz homologa o acordo, isto é, o juiz decreta o divórcio e os termos do acordo ficam valendo. Esse tipo de divórcio costuma ser rápido e, na maioria das vezes, pelo menos em São Paulo, sequer há audiência.

Assim aconteceu com Laura e Daniel, pais de três filhos. Eles queriam se divorciar e me procuraram. O relacionamento deles era amigável e eles pensavam nos filhos em primeiro lugar. Não havia nenhuma discussão em relação ao patrimônio, uma vez que os dois concordavam com a divisão sugerida dos bens. Em relação aos filhos, a guarda seria compartilhada com residência materna, e o pai pagaria a pensão alimentícia e participaria plenamente da rotina dos filhos. Redigi um acordo que ambos assinaram e ingressei com um pedido de homologação de acordo. Em duas semanas, o acordo foi homologado pelo juiz, depois de ouvir o promotor, e o casal estava divorciado. Dali para frente, eles deveriam cumprir todos os termos que ficaram estabelecidos consensualmente.

No divórcio litigioso, no entanto, cada uma das partes deve ter seu advogado para "brigar" judicialmente pelos seus clientes. Nessa modalidade, o divórcio costuma se prolongar no tempo. Há a necessidade de audiências, produção de provas, perícia, o que gera alto grau de estresse para o casal. Ao final, o juiz profere a sentença, estabelecendo quais serão os termos desse divórcio. Nesse caso, não foram as partes que acordaram, foi um terceiro que decidiu por elas, surgindo um perdedor e um ganhador, outra desvantagem do divórcio litigioso.

Após a decretação do divórcio, tanto consensual quanto litigioso, o ex-casal deve averbá-lo em sua certidão de casamento, no cartório onde se casaram. A partir daí, fica constando na certidão de casamento o divórcio do casal com sua respectiva data.

A união estável (convívio duradouro, contínuo, com intuito de formar família) termina diferentemente do casamento. A união estável pode ser dissolvida através da "ação de reconhecimento e dissolução de união estável". Caso esteja formalizada por uma escritura de união estável, basta a dissolução da união.

Se o divórcio ou a dissolução de união estável for de forma consensual, todas as questões, geralmente, podem estar na mesma ação: divórcio, partilha, guarda dos filhos, regime de convivência e pensão alimentícia. Mas se for litigiosa, os alimentos têm um procedimento próprio e deve estar separado.

Na dissolução de união estável de Cintia e Rafael, além do pedido de separação, eles decidiram a guarda compartilhada da filha Ana, qual a pensão alimentícia que Rafael pagaria para a menina, como seria a convivência entre pai e filha, se Cintia voltaria a ter nome de solteira, e com quem ficaria o apartamento, a casa da praia e os carros. Como foi um acordo, todos esses termos ficaram em um mesmo documento. Se eles fossem para a "briga" judicial, a pensão alimentícia de Ana seria separada de todo o resto.

Atualmente, com o novo Código de Processo Civil, o divórcio pode ser decretado prontamente, e depois o juiz resolve as outras questões. No divórcio, se um dos cônjuges quer, é obrigatória sua decretação. Sabe aquela história "quando um não quer, dois não fazem", pois bem, quando um não quer continuar casado, o casamento termina. Não é nada fácil um processo de divórcio, uma vez que o final de uma relação, por mais que seja por livre e espontânea vontade, gera desconforto.

Quando o relacionamento começa, é "meu bem" para cá e para lá, mas quando termina, é "meus bens e seus bens".

Geralmente, quando o casal não tem filhos, o conflito gira em torno do patrimônio, e quando possuem filhos, a briga é ao redor das crianças.

Casais bem-resolvidos costumam terminar consensualmente, resolvendo as cinco questões essenciais: divórcio, partilha, guarda, visitação e alimentos. Contudo, se um dos cônjuges (ou ambos) possui alguma mágoa ou ressentimento, a briga vai para o judiciário. Dizem que há casais que partem para o litigioso somente para manter o vínculo, inconscientemente. Usualmente, são esses que possuem dificuldade em deixar a relação e preferem se manter vinculados pela briga do que seguir sua vida. Seu cérebro processa: "Pelo menos vou vê-lo em audiência", "pelo menos ela não estará totalmente livre de mim", "vou me arrumar para ir para a audiência, só para ele ver o que perdeu", e por aí vai. O que importa para tais pessoas é manter o contato e estar, de alguma maneira, ainda na vida do outro. Lembrando que tudo isso pode ser inconsciente.

Horácio e Lívia viveram casados por 10 anos e tiveram um casal de filhos. O divórcio seria consensual e feito por uma única advogada. Lívia era muito querida pela família de Horácio, e o casal residia em um imóvel dos pais de Horácio. Durante as negociações, Lívia queria continuar no imóvel dos sogros e queria o pagamento total pelo "ex" das despesas dos filhos. Horácio não concordou. Lívia contratou outra advogada, foi na delegacia da mulher, fez um boletim de ocorrência de violência doméstica falso e conseguiu tirar Horácio de casa. Assim, ela continuou a morar na casa dos sogros.

Era nítido que o casal ainda tinha sentimentos um pelo outro; apesar de Lívia ter traído Horácio e ele estar com raiva, tentou o consenso na separação. Porém, a atitude dela gerou um conflito extremamente grande na família. Foram sete ações judiciais! Pasmem! Separação de corpos, divórcio, partilha de bens, guarda dos filhos e regime de convivência, oferta de alimentos, reintegração de posse do imóvel, revisional de alimentos. Na área penal, Horácio foi absolvido. Ou seja, aquilo que estava perto de um acordo não aconteceu.

Aquele ex-casal seguiu unido pelo litígio.

Não há uma fórmula mágica, não há um remédio para acalentar a dor. Separação sempre é difícil, por mais fácil que pareça. Quando há acordo, o desgaste é menor do que uma briga judicial, mas também é sofrido. Esse processo todo deve ser vivido, o luto da separação. Não sou psicóloga, mas observei em meus clientes que esse período de tristeza é comum. Mesmo aqueles que já possuem outro relacionamento ou emendam em outro, uma hora ou outra, vão viver esse luto.

Pode ser que ocorra tardiamente, quando seu relacionamento não der certo também, o que eu chamo de duplo luto, que muitas vezes é bem mais sofrido. Nessa hora, é comum lembrar do "ex" e ver que não deram certo os dois relacionamentos. Óbvio que tudo que falo neste livro tem suas exceções.

Casar é fácil, se separar é difícil em todos os sentidos: material, psicológico, emocional e espiritual. É um processo interno que deve ser bem elaborado para externalizar em uma separação. Sempre digo que o divórcio deve ser o último recurso para o casal, uma vez que não há relacionamentos perfeitos e nem pessoas perfeitas. Mas, também penso que viver um casamento infeliz não é a melhor maneira de viver a vida.

7

Regime de Bens e Divórcio

**" *O que temos nós deixamos.*
O que somos nós levamos. "**

Divaldo Franco

Quando nos unimos com outra pessoa, independentemente se em união estável ou casamento, imaginamos que teremos uma vida conjunta. São sonhos em comum, vida compartilhada, filhos que virão, e por fim, patrimônio que já possuímos ou se agregará, ou seja, aparece o fator patrimonial que preocupa os casais, o dinheiro, e com isso, deve ser eleito o regime de bens.

Regime de bens é uma das consequências jurídicas do casamento, não existindo casamento sem que se defina o regime. O regime de bens, na realidade, serve para quando algo dá errado. Ele determina como ficarão os bens no caso de uma ruptura conjugal ou em caso de morte de um dos cônjuges. Além disso, o regime de bens define como será a subsistência da família durante a união, considerando-se que a lei diz que a obrigação dos cônjuges é de assistência mútua.

Os casais, na maioria dos casos, são livres para escolher o regime de bens, e se não o fizerem, rege como regra: regime de comunhão parcial de bens. Se o regime for de comunhão parcial de bens não será necessário pacto antenupcial, porém, nos outros regimes é necessário o pacto por escritura pública.

É possível, no curso da união, a mudança de regime de bens. Há requisitos para que essa mudança ocorra: pedido feito ao juiz, comum acordo entre os cônjuges, não causar prejuízo a terceiros e motivação. Somente depois da autorização judicial, o casal pode mudar o regime.

Vou contar para vocês a história de Thiago. Ele queria mudar seu regime de bens com sua esposa Gabriela. Eles eram casados pelo regime de comunhão parcial de bens, mas Thiago estava devendo "para Deus e o mundo". Então, ele começou a colocar seu patrimônio todo em nome da esposa e queria passar para regime de separação total de bens. Assim, os bens ficariam protegidos com Gabriela, já que não haveria comunicação dos bens entre eles, e ele ficaria com as dívidas. Lógico que seria uma fraude contra terceiros. Assim, o juiz não homologou essa mudança de regime de bens.

No **regime de comunhão parcial de bens**, comunicam-se os bens adquiridos após o casamento; não se comunicam os bens adquiridos anteriormente à união, isto é, "o que era meu antes, é só meu; o que é meu no casamento, é nosso". Porém, os bens provenientes de doação ou herança não se comunicam nem antes, nem depois do casamento, são bens individuais. Aliás, se um dos cônjuges recebe uma casa, por exemplo, de doação de seus pais, e resolve vender, o dinheiro proveniente dessa casa, em regra, não se comunica. Mas, se o dinheiro fica aplicado, o outro tem direito aos rendimentos. As dívidas anteriores ao casamento não são consideradas do casal, sendo individuais.

Vou contar para vocês do divórcio de Claudia e Gabriel. Eles foram casados por nove anos e, durante esse tempo, Claudia vendeu sua clínica de estética, que foi doada pelo seu pai, e guardou o dinheiro. O pai dela também tinha doado um apartamento, que posteriormente foi vendido, e com o dinheiro da venda ela pagou 50% de um apartamento grande com Gabriel. Observa-se que o total desses bens foi doado, e alguns anteriores ao casamento, não se comunicando com os bens do casal.

Quando eles se divorciaram, Gabriel queria a metade da clínica e queria ficar com metade do apartamento. Isso seria possível? Como vimos, os bens herdados ou doados não se comunicam no regime de comunhão parcial de bens. Portanto, Claudia ficou com a totalidade da clínica e com 75% do apartamento. Mas como assim? Os 50% do apartamento foram pagos com doação do pai de Claudia, ou seja, não se comunicou, sendo integralmente dela. Já os outros 50% foram adquiridos pelo casal durante a união, então esses 50% foram partilhados em partes iguais para cada um. Esse foi um exemplo para vocês entenderem como é importante determinar o regime de bens e saber de suas consequências.

O **regime de comunhão total de bens** é aquele em que se comunicam tanto os bens adquiridos anteriormente ao casamento, quanto os posteriores à união. Ou seja, todo patrimônio torna-se comum do casal ("o que era meu e é meu, no casamento, é nosso"). Se houver cláusula de incomunicabilidade, não se comunicam os bens doados ou por herança. Os frutos dos bens doados ou herdados entram para o patrimônio comum do casal. As dívidas anteriores ao casamento se comunicam nesse regime.

Há o **regime de separação de bens,** em que não se comunicam os patrimônios dos cônjuges, cada um deles fica com seu patrimônio individual, isto é, "o que é meu, é só meu". Cada um dos cônjuges possui a administração exclusiva de seus bens, podendo livremente vendê-los ou gravá-los de ônus real. Ambos devem contribuir com as despesas do casal de acordo com o seu rendimento, exceto se o pacto antenupcial estipular de maneira diversa.

O regime de separação de bens pode ser convencional ou obrigatório. O regime de separação de bens convencional é escolha do próprio casal, ou seja, os dois decidem que não querem que seus bens se comuniquem. Já o regime de separação obrigatória de bens é imposto pela lei, que diz que aquele casal é obrigado a casar nesse regime. As hipóteses são: pessoas maiores de 70 anos, pessoas que possuem causas suspensivas para o casamento (exemplos, viúva enquanto não fizer inventário e pessoa divorciada antes da partilha) e pessoas que precisam de autorização do juiz para casar (gravidez de menores).

Vale lembrar que os bens não se comunicam em caso de separação, mas se houver a morte de um dos dois, o outro concorre com os filhos na herança. Este é o entendimento atual. Alguns anos atrás, o Superior Tribunal de Justiça dizia que o que não se comunicava em vida também não se comunicava na morte. Até você ler este livro, pode ser que esse entendimento já tenha mudado. Como eu disse, o Direito de Família é dinâmico, está em constante mutação.

O **regime de participação final nos aquestos** é o último regime de bens previsto na nossa legislação. É um regime pouco usado e muito raro. Não vale a pena entrar em detalhes.

Independentemente do regime de bens escolhido, a questão deve ser bem discutida pelo casal, porque no auge da paixão é "tudo nosso", e em um processo de divórcio, "isto é meu e isto é seu". Quando as brigas do casal não recaem sobre os filhos, o principal motivo, sem dúvida, será o patrimônio. As pessoas querem se vingar através do dinheiro, querem recuperar o que gastaram durante o relacionamento e querem sempre ter vantagem. Portanto, mesmo que todo casamento seja pensado para sempre, deve-se pensar como ficará o patrimônio se um dia acabar. O que era "nossos bens", vira "meus bens, não seus bens"; por isso que o planejamento e a definição são fundamentais.

Usucapião Familiar

Final de um casamento ou união estável é sempre estressante. São várias questões para serem resolvidas e, algumas vezes, simplesmente o casal "deixa para lá". Mas vocês sabiam que, por exemplo, o abandono do lar pode gerar o direito de USUCAPIÃO do imóvel onde o casal residia?

Usucapião é uma forma originária de adquirir uma propriedade, mas para isso precisam estar presentes alguns requisitos: agir como dono e determinado lapso temporal. Ou melhor, a pessoa deve se portar como se fosse o proprietário do imóvel e, após certo tempo, pode adquirir a propriedade. O imóvel não era dela, mas ela morou durante um tempo, ninguém reclamou e ela passou a ter o direito de morar nele após o tempo determinado pela lei. Existem diversas formas de usucapião (extraordinária, ordinária, constitucional, rural, urbana, coletiva, familiar etc), porém, cada uma dessas maneiras tem seus requisitos.

Afinal, o que é usucapião familiar? Nada mais que adquirir o direito de ficar com o imóvel que era do casal, porque um deles abandonou o lar. O imóvel deve ser de propriedade comum do casal, não pode ser apenas de um deles. Assim, aquele que permanece no imóvel com a família, sendo abandonado, depois de dois anos, torna-se dono sozinho daquela casa.

A usucapião familiar foi instituída pela Lei 12.424/2011, prevendo a possibilidade do instituto sobre o ex-casal em face do imóvel que foi compartilhado durante o relacionamento. Os requisitos são: abandono do lar, posse do imóvel por dois anos ininterruptamente, imóvel de até 250 metros quadrados e não possuir outro imóvel, isto é, aquele que foi abandonado, que mora no imóvel por dois anos, sem o outro reclamar, cumulados aos outros requisitos, tem direito à usucapião, adquirindo a propriedade.

O que significa esse abandono? É tanto o do imóvel (lar), quanto o abandono da família. Portanto, um do casal sai de casa, não dá mais notícias, não paga pensão alimentícia, não manda mais mensagem, não entra com pedido de divórcio, não visita os filhos, ou seja, some do mapa.

Abandono do lar não é uma saída temporária ou mudança de endereço, mas sim a interrupção da vida conjunta e da assistência moral e financeira à família, renegando os deveres de solidariedade e responsabilidade familiar. O afastamento do lar não é apenas estar fora da posse, mas descumprir outros deveres em relação à manutenção da família e do imóvel.

Por exemplo, se João brigava sempre com Maria e saía de casa toda vez, isso não vai ensejar a usucapião familiar, porque houve uma interrupção dessa separação com as idas e vindas dele. Agora, se João abandona o lar com Maria e os filhos e não briga pelo imóvel judicialmente, sumindo por dois anos, Maria pode usucapir o imóvel e se tornar única proprietária.

Se aquele que deixou o lar entrou com um pedido de divórcio, separação, dissolução de união estável, arbitramento de aluguel, concessão de usufruto, comodato, dentro do prazo de dois anos, não pode ser configurada a usucapião familiar. A partir do momento em que ele reivindicou seus direitos, a posse não é mansa e pacífica. Uma coisa é abandonar, sequer se interessar, sumir; o que pode ensejar a usucapião, depois de dois anos (depende de todos os requisitos cumulados). Outra coisa é terminar um relacionamento e querer resolver as questões; o que não dá o direito de usucapião.

Portanto, quando o relacionamento não deu certo, e o casal compartilhava do mesmo imóvel, o ideal é resolver logo a situação e evitar possível usucapião familiar.

8

Guarda dos filhos

" O filho não existe sem o pai ou sem a mãe e, seja qual for o destino que os filhos construírem para si, será uma sequência da história dos pais. "

Sami Storch

Quem nunca ouviu do ex-companheiro no momento da separação: "Vou ficar com a guarda das crianças" ou, em tom de ameaça, "vou tirar a guarda de você"? Essas frases são muito comuns. No escritório, atendo frequentemente a mulheres desesperadas com medo de ficar sem os filhos, e homens inseguros com receio da "ex" não os deixar mais ver as crianças.

Repito que quando um casamento acaba, a briga recai sobre o patrimônio e/ou sobre os filhos. Se o casal não possui descendentes, o conflito é pelo dinheiro, porém, se há filhos, é comum que as desavenças recaiam, infelizmente, sobre eles.

Os filhos sofrem na separação dos pais e muitas vezes sequer sabem expressar tal sentimento. O ideal seria que os genitores fossem conscientes e minimizassem os efeitos negativos do divórcio nos seus filhos. Lamentavelmente, o ser humano por si só é egoísta e pensa mais nos seus desejos, o que, às vezes, faz com que as pessoas projetem nos filhos a desilusão de uma união desfeita.

Após a ruptura do casal, a questão dos filhos deve ser definida, de maneira consensual (acordo) ou litigiosa (briga judicial), e isso depende da maneira como aquela separação está sendo conduzida. Com o acordo, os pais resolvem juntos o que é melhor para seus filhos, e o desgaste e o sofrimento são menores para todos os envolvidos.

A guarda dos filhos pode ser conceituada em uma palavra: gestão. A guarda nada mais é do que a administração da vida dos menores, o cuidado, convivência e todos os poderes inerentes ao poder familiar. Quem tem a guarda decide como a vida do filho será. O outro, não guardião, não perde seus poderes de genitor, tem direito à convivência com seu filho, mas algumas decisões devem ser tomadas pelo guardião. Isso se a guarda for unilateral, ou seja, aquela exercida por um só dos genitores. Na compartilhada, a administração da vida dos filhos é feita por ambos os pais.

Culturalmente, a mãe sempre foi a mais apta para a criação dos filhos. Essa ideia vem pelo fato de ela ter gerado o bebê e pelo papel socialmente condicionado da mulher de cuidar da casa enquanto o marido trabalhava. Esse conceito estava baseado na família patriarcal, em que o homem era o chefe da família, detinha o poder econômico e devia ser obedecido pela mulher e filhos. A esposa tinha apenas a função de cuidar da prole. Porém, a mulher, cada dia mais, ocupa espaço maior no mercado de trabalho, e os homens passaram a exercer funções na casa que antes eram exclusivamente femininas. Os tempos mudaram, e o Direito teve de acompanhar tais mudanças.

A família deixou de ser hierarquizada e está cada vez mais horizontal, baseada na divisão de tarefas e no diálogo.

No Código Civil de 1916, a criança era vista como um prêmio, e sua guarda ficava com o cônjuge inocente, ou seja, aquele que não deu causa à separação. Não se pensava qual era o melhor para o filho, bastava ver quem era o inocente. Contudo, se ambos fossem culpados, a guarda ficaria com a mãe. Na época dos meus avós, então, se minha avó tivesse traído meu avô, a guarda de meu pai seria de meu avô, não de minha avó, uma vez que teria sido ela a trair. Meu pai seria um prêmio para meu avô, por ele nunca ter traído. Vale lembrar que isso é um mero exemplo.

A Lei do Divórcio, aprovada em 1977, não inovou, e a guarda continuou a ser do inocente, mas o juiz já poderia decidir de forma diferente. No Código Civil de 2002, em seu texto original, o casal deveria acordar sobre a guarda de seus filhos, mas a guarda, na grande maioria dos casos, era unilateral da mãe. Ou seja, em 2002, a mãe costumava cuidar dos filhos sozinha, porque culturalmente aquele seria o papel dela.

A Lei 11.698, em 2008, modificou o Código Civil, prevendo a guarda unilateral ou compartilhada, dando preferência à compartilhada. Além disso, o juiz deveria informar as partes da possibilidade de compartilhamento. Porém, a guarda unilateral continuou a ser a preferência nos divórcios brasileiros. Apesar da previsão da guarda compartilhada, na prática, não era usada, continuando o pensamento de que a "mãe era melhor guardiã".

Em dezembro de 2014, foi sancionada a Lei 13.058/2014 que instituiu a guarda compartilhada como regra e a tornou obrigatória. Com isso, todos os casais que se separam, se não há alguma restrição importante, devem exercer a guarda compartilhada.

Essa lei possui exceções importantes, que em diversos casos, poderão prevalecer. Quando um dos pais renunciar ao seu direito de guarda ou quando o juiz verificar a incapacidade de um dos genitores, poderá ser determinada a guarda unilateral. Isso quer dizer que quando um dos pais disser que não quer a guarda de seu filho, ou quando o juiz verificar algum problema com algum dos genitores (criminoso, drogas, problemas mentais, problemas de saúde grave etc), a guarda pode ser unilateral. O importante é se preservar o melhor interesse do menor, independentemente do tipo de guarda eleito.

Lembrei-me do caso de Anete e José. Eles foram casados durante nove anos e tiveram dois filhos lindos. Quando se divorciaram em 2007, a guarda compartilhada ainda não era regra no Brasil e, como os filhos eram pequenos, Anete passou a exercer a guarda unilateral. Quando a guarda compartilhada virou regra, Anete sugeriu a José o compartilhamento, mas ele não quis, disse que estava adaptado à nova rotina. Portanto, nesse caso, a guarda compartilhada é regra, mas José não quis ter esse direito e renunciou. Como para Anete também estava bom aquele regime de convivência, ela acatou a decisão do ex-marido. Assim, Anete continuou a exercer a guarda unilateral de seus filhos, pois o pai não quis a guarda compartilhada.

Mas o que é Guarda Compartilhada?

Em primeiro lugar, frisa-se que não é a alternância de residência como a guarda alternada, o que vem gerando muita confusão entre as pessoas. A guarda compartilhada é a responsabilização conjunta dos pais em relação aos seus filhos. É a divisão de direitos e obrigações entre ambos os genitores, ou seja, é a gestão conjunta da vida dos filhos após o divórcio. Resumindo: nada mais é do que os pais tomarem as decisões juntos e participarem da rotina de seus filhos.

A criança possuirá uma residência fixa, mas terá ampla convivência com o guardião não residente. Possuir duas casas e viver uma semana em cada uma ou a cada 15 dias, por exemplo, alternando tempo, pode gerar insegurança para o filho, pela presença de um duplo referencial de lar. A rotina das duas casas não será igual, e quando a criança começar a se acostumar com uma rotina, precisará mudar totalmente de lugar e de rotina. Essa medida somente deve ser aplicada quando bem indicada por profissionais da área da psicologia.

Óbvio que o convívio com o guardião não residente deve ser amplo, mas não necessariamente é preciso manter dois lares.

A alternância de lares é guarda alternada, que na verdade é uma guarda unilateral de forma alternada entre os pais, ou seja, na semana que está com a mãe, a mãe exerce a guarda sozinha e toma todas as decisões, e na semana do pai, o pai faz o mesmo. Não há tomada de decisão conjunta, cada genitor faz o que quer quando está com o filho. Então, na semana da mãe, a criança faz inglês, dorme às 22 horas e come alface, enquanto na semana do pai, a criança faz espanhol, dorme à uma hora da manhã e come lanche. Nota-se que o melhor é um dos genitores tomar a decisão, como na unilateral, ou ambos tomarem juntos, como na compartilhada. O filho não pode ficar à mercê da rotina dos pais; na verdade, o filho deve ter uma rotina, e os pais devem se adaptar à rotina da criança.

O principal aspecto da lei de guarda compartilhada é a divisão igualitária do convívio da criança com os pais, entretanto, essa divisão não deve ser matemática, mas sim afetiva. O filho deve ter o maior tempo possível com ambos os pais, sem que atrapalhe sua rotina. A convivência deve ser determinada visando ao que é melhor para o filho, não para os pais. É o bem-estar do filho que deve estar em primeiro lugar.

Há uma grande discussão até para os profissionais do Direito sobre a dupla residência na guarda. Sabemos que a guarda alternada não se confunde com a compartilhada. Claro que na compartilhada não precisa ter visitação somente a cada 15 dias. O correto seria dormir na casa do genitor não residente um ou dois dias na semana, porém, mantendo uma residência fixa, um só referencial. Não me esqueço do dia em que disse em um grupo de *Facebook* que a guarda compartilhada não era alternância de residência;

foi uma confusão total. Por isso, me empenho em explicar a diferença para vocês. Mas, pense comigo, você gostaria de, a cada semana, dormir em uma casa?

Outros aspectos da Guarda Compartilhada

Está previsto na lei de guarda compartilhada: a autorização de ambos os pais para viagens ou mudança de domicílio, o dever de prestação de contas, e por fim quando um dos genitores não cumprir com seus deveres, poderá ter suas prerrogativas diminuídas.

Alguns pais usam a mudança de domicílio como artifício para afastamento e vingança do outro. Sem qualquer motivo ou justificativa, mudam de cidade e até de país. Claro que se houver um motivo justificado, como mudança de trabalho ou relacionamento estável com pessoas de outros locais, por exemplo, essa mudança é considerada válida. Não podemos generalizar que toda mudança seja para prejudicar o "ex".

As instituições devem prestar informações para os pais sob pena de pagamento de multa diária. Antes, os estabelecimentos prestavam informações apenas para o guardião, hoje, são obrigados a prestar para ambos, seja qual for o tipo de guarda.

Esse dispositivo de lei tem o objetivo de evitar a Alienação Parental, porque uma das primeiras atitudes do alienador é omitir informações com o intuito de afastar o genitor da criança. Se a escola ou qualquer outro lugar não oferecer as informações, deverá pagar uma multa diária de duzentos a quinhentos reais.

Apesar da guarda compartilhada ter se tornado regra, é maior o número de guardas unilaterais. As pessoas ainda confundem a guarda compartilhada com a guarda alternada, gerando certa insegurança, e aqueles que já possuem sua guarda regulamentada preferem não modificar a situação. Creio que, aos poucos, a cabeça das pessoas vai mudando.

Nos dias atuais, homens e mulheres exercem funções semelhantes. A mulher deixou o lar para trabalhar, e o homem passou a assumir funções domésticas. Portanto, na maioria dos casos, ambos os genitores são aptos a exercer a guarda. Como a mulher agora tem funções fora do lar, ela precisa também da ajuda do pai para cuidar dos filhos. No caso de pais separados, nada melhor que essa divisão de tempo com ambos os genitores. É saudável para os filhos, por conviverem com ambos os pais, e é bom para os pais, para poderem exercer todas as suas atividades.

Quem quiser alterar a guarda unilateral por compartilhada, deve procurar um advogado e ingressar com uma ação de modificação de guarda. Ser for feito de maneira consensual, os genitores podem assinar um acordo e homologar judicialmente, depois de ouvido o Ministério Público. Caso os pais não concordem com a modificação da guarda, o meio usado será o litigioso, sendo um processo, às vezes, longo. Mas, o importante é defender o melhor interesse da criança, seja de que forma for. Aquele que realmente quer cuidar dos filhos vai atrás do compartilhamento da guarda. Porém, existem casos de pais que falam que querem a guarda somente da boca para fora, infelizmente.

Não existem ex-filhos, não existem ex-pais.

O Casal Conjugal desaparece com o divórcio, mas o Casal Parental continua. A família não deixa de existir após a separação, e as crianças não podem ser prejudicadas, tampouco usadas para que um genitor atinja o outro com seus resquícios de mágoa e ressentimento, provenientes de um casamento desfeito. A família continua em outro formato. Antes era mononuclear (todos no mesmo núcleo familiar); com o divórcio dos pais, passa a ser binuclear. Por essa razão, ela deve ser ressignificada para o bem-estar de todos.

9

Pensão Alimentícia

"Pais difíceis não deixam de ser nossos pais."

Ana Garlet

Pensão alimentícia é assunto corriqueiro em nossa sociedade. Quem nunca ouviu? "O pai tem que pagar a pensão do meu filho", "fulano foi preso porque não pagou a pensão da filha", "ele está gastando com ostentação e não paga pensão". Os pais têm diversas obrigações em relação aos filhos menores: dirigir educação e criação, exercer a guarda unilateral ou compartilhada, dar autorização para viagem, dar autorização para mudança de domicílio, exigir-lhes respeito etc.

Os genitores têm o dever de sustento de seus filhos, se responsabilizando pela obrigação alimentar. Essa é devida, já que os filhos, teoricamente, não possuem bens suficientes para prover a sua subsistência. Vale lembrar que ambos os genitores possuem tal obrigação, de acordo com a possibilidade de cada um.

Os alimentos não são somente "comida", a obrigação alimentar compreende também educação, assistência médica, vestuário, moradia, dentista, passeios, empregados, supermercado, academia, terapia, cabeleireiro, plano de saúde, medicamentos, transporte, telefone, psicoterapia, além de outras despesas.

Ambos os pais devem contribuir para o sustento dos filhos de acordo com o trinômio: necessidade do filho, possibilidade dos pais e proporcionalidade. Claro que o genitor que mora com seu filho tem muito mais gastos. A necessidade do filho, como já foi dito, são todos os seus gastos pessoais e de moradia.

Deve ser feita uma planilha com todos esses dados. Os pais devem pagar de acordo com suas possibilidades, ou melhor, de acordo com seu rendimento mensal. Aquele que reside com o filho é quem geralmente paga as contas mensais e tem as principais despesas, daí a necessidade de o outro pagar a pensão alimentícia. Se um ganha 10 x e o outro ganha 02 x, aquele que ganha mais pode contribuir mais para o sustento do filho.

Não é preciso a criança nascer para começar a obrigação alimentar; a gestante já deve receber alimentos pelo seu filho, que são chamados de alimentos gravídicos. Nesse caso, o valor da pensão serve para cobrir despesas da gravidez e da subsistência da mãe. Quando a criança nasce, esses alimentos deixam de ser devidos à mãe e passam automaticamente a ser devidos ao bebê. Se a mãe achar que o valor não é o suficiente depois do parto, ela pode revisionar.

Quando uma mulher ou um homem (no caso de criar e morar com o filho, por exemplo) pedem alimentos, como representantes, o juiz pode decretá-los provisoriamente (enquanto apuram o valor), e depois, definitivamente, ao final da sentença.

Se o pai não tem condições de pagar esses alimentos, em casos específicos, somente subsidiariamente, os avós podem ser acionados para cumprir essa prestação.

Na falta de pagamento da pensão alimentícia, a prisão civil de quem deve os alimentos pode ser decretada. O credor dos alimentos pode executar as três últimas parcelas de pensões não pagas. Por exemplo, se João não pagou a pensão de seu filho de março, abril e maio, e já estamos em junho, Maria pode cobrar João nesse rito de prisão.

Sendo assim, o juiz manda João pagar ou justificar em três dias, sob pena de João ser preso.

Não é preciso acumular três pensões para pedir a prisão. Já pode ser pedida no primeiro mês de atraso, porém, somente as três últimas parcelas podem ser revistas sob pena de prisão. As prestações anteriores serão pelo procedimento da penhora de bens.

Além da possibilidade da penhora de bens, há a inscrição no cadastro de devedores SERASA e já houve decisões com perda de outros direitos, como suspensão da carteira de motorista e do passaporte. Isso significa que, se o pai não pagou a pensão, tem uma dívida e deve pagá-la, sob pena de ter seus bens penhorados e ter restrição no seu nome.

Felipe, por exemplo, me procurou porque deixou de pagar dois meses da pensão de sua filha, e além do nome estar inscrito no SERASA, ele estava com sua carteira de motorista suspensa. Ele teve que pagar a pensão para limpar o seu nome e para recuperar a carteira de motorista.

A obrigação não se extingue automaticamente quando os filhos atingem a maioridade, então, o pai deve entrar com nova ação para se exonerar do pagamento.

Há um mito de que a obrigação se encerra quando o filho completa dezoito anos. Na verdade, ela somente se encerra se, com dezoito anos, o filho não fizer faculdade e já tiver saído da escola. Porém, se ele é universitário, a obrigação continua a existir até o término da faculdade.

A relação de filiação é uma relação continuada, sendo que algumas circunstâncias podem mudar ao longo do tempo. Quando acontece algo que modifica o binômio "possibilidade do genitor" versus "necessidade do filho", pode haver uma revisão nessa pensão.

Assim, o advogado ingressa com uma Ação Revisional de Pensão Alimentícia. Isso ocorre quando a condição de vida do genitor melhora ou piora, quando os gastos do filho aumentam, ou quando a guarda ou moradia se modificam.

O fato de ter outros filhos não é razão única para ensejar uma revisão de alimentos. Considera-se que o genitor já pagava tal pensão, e teve outro filho ciente desse fato.

Os pais devem se esforçar pelo melhor desenvolvimento físico e mental desses filhos, sendo os alimentos essenciais para esse fim.

Ser pai ou mãe não é apenas dar amor, mas dar também um suporte para o desenvolvimento de seu filho. Não é justo um pai esbanjando dinheiro, enquanto o filho passa necessidade.

Quantas vezes eu vi pais economizando com seus filhos e levando um padrão altíssimo por aí. Vamos pensar mais nessas crianças, em seu bem-

-estar. Parem de achar que sustentam o ex-cônjuge com uma pensão pequena que mal dá para sustentar 50% de sua parte em relação aos filhos.

Assumam seus papéis. Os filhos não pediram para nascer e merecem a contribuição de vocês. Receber pensão alimentícia é um direito do filho, e uma obrigação dos pais!

10

Alienação Parental

" As crianças se sentem incompletas e vazias quando excluem um ou ambos os pais. Causa comum da depressão. "

Bert Hellinger

Com o fim do relacionamento do casal, os filhos são os primeiros a sofrer consequências. A família se desestrutura. As crianças se sentem, muitas vezes, culpadas pela separação dos pais, além da falta que faz o genitor que foi embora. Portanto, é dever dos pais minimizar os traumas dos filhos, não aumentar ainda mais essas consequências do divórcio.

Você já ouviu falar de Alienação Parental? A maioria das pessoas sim, porém, não sabem que esse é o nome que a conduta recebe. Alienação Parental é a programação da criança para odiar o outro genitor, implantando falsas memórias sobre ele ou desqualificando-o, até que a própria criança passe a repudiá-lo. É um dos pais alterando a percepção do outro na criança, que chega a odiá-lo. É abuso afetivo de uma criança. Afastar um dos pais de seu filho é retirar um direito da personalidade, que é irrenunciável.

Na Alienação Parental, há interferência na formação psicológica da criança, assunto sério e delicado a ser tratado. Alienação Parental é muito mais comum do que imaginamos, ocorrendo em diferentes graus: leve, moderado e grave.

Vingar-se por meio da Alienação Parental é transformar o filho em órfão de pai vivo, já que o afastamento do genitor que sofre a Alienação é quase que inevitável. Usar uma criança para irritar ou se vingar do outro é algo doentio. O filho deve ser protegido, não manipulado.

Nos relacionamentos afetivos, mostramos nosso melhor quando ele começa, porém, quando a relação chega ao fim, mostramos nosso pior. Nessas horas, precisamos nos conscientizar de que as crianças não têm nada a ver com esse término e deixá-las fora do turbilhão de emoções. Os filhos devem ser preservados, pois não podem sofrer mais do que a dor de ficar longe de algum dos genitores que deixou o lar. Mas, vamos definir quem é quem na relação de Alienação Parental.

Alienado é aquele que sofre a Alienação, ou seja, contra quem a criança vem sendo colocada. Alienador é aquele que pratica os atos de Alienação, condutas alienadoras. O alienador "costuma" ser aquela pessoa que passa mais tempo com a criança, com quem ela acaba criando maior vínculo, mas não é regra. Além disso, durante a ocorrência de Alienação Parental, esse vínculo tende a se fortificar cada vez mais, já que o alienador é seu porto seguro. Com o passar do tempo, a criança se torna seu cúmplice.

Vamos para um exemplo. Luana fala mal de Maurício para os seus filhos; além disso, ela dificulta que Maurício visite as crianças. Luana, portanto, é a alienadora, porque está cometendo atos de Alienação Parental. Já Maurício é o alienado, porque é contra ele que a Alienação está sendo praticada. Consequentemente, os filhos deles estão sofrendo o abuso moral decorrente da Alienação Parental.

Acabado o relacionamento dos pais, os filhos ficam perdidos e se sentem abandonados, então muitos genitores se aproveitam da situação e passam a usar os menores contra o "ex". As mágoas e os ressentimentos da relação são refletidos nos filhos. A criança passa a ser o "objeto" comum do ex-casal, sendo frequentemente "usada". O "uso" pode ser para agredir o outro de alguma maneira, ou, também, para não acabar com o vínculo entre um dos pais e seu filho.

As condutas de Alienação não são sempre conscientes, às vezes, o alienador se acha melhor que o alienado para cuidar dos filhos, ou até mesmo, o alienador não quer perder contato com o alienado.

A Alienação Parental é a doença do amor. O ex-casal, mesmo que vinculado numa briga, fica junto de forma doentia, inconscientemente.

Porém, nessa tempestade de fim de casamento, o casal se esquece de preservar a estrutura emocional e psicológica dos filhos, colocando seus interesses pessoais acima de qualquer coisa.

A Alienação Parental é definida pela Lei 12.318, de 2010, sendo considerada como a interferência na formação psicológica da criança, promovida ou induzida por um dos pais ou qualquer pessoa que conviva com ela, para que ela repudie o genitor ou cause prejuízo ao vínculo com ele. Curiosamente, o Brasil é o único país latino-americano que possui uma lei de Alienação Parental.

Nota-se que não é somente um dos pais que pode alienar, podendo ser uma avó, tio, professora, babá – qualquer um que esteja em companhia constante da criança. Portanto, quem convive com a criança pode praticar a Alienação Parental, bastando realizar as condutas de implantação de falsas memórias ou deterioração da imagem de um dos pais.

A Alienação, também, não pressupõe divórcio, podendo ocorrer durante o casamento, ou seja, existem casais que costumam difamar a imagem do outro para seus filhos, mesmo durante o relacionamento. Falar mal do outro genitor, mesmo que "inocentemente" ou inconscientemente, é uma das formas de Alienação Parental.

As condutas mais comuns de Alienação são: falar mal do outro genitor, evitar visitação, não passar ligações ou mensagens do outro, mudança de domicílio sem aviso prévio, dificultar o contato entre outro genitor e a criança, esconder fotos do outro genitor, apresentar padrasto ou madrasta como novo pai ou nova mãe, omissão de informações sobre o menor, e em casos extremos, apresentar falsas denúncias de abuso ou falsas denúncias em Conselho Tutelar.

Geralmente, a primeira conduta praticada é a omissão de informações, ou seja, o alienador esconde os acontecimentos da vida do filho, para que o alienado pareça distante ou para que realmente se distancie. O alienador deixa de falar sobre a vida escolar, não comenta mais sobre doenças e consultas médicas dos filhos, omite conversas e questionamentos importantes do menor, e com isso, o genitor alienado deixa de participar e acompanhar, aos poucos, a rotina da criança. Tais atos caracterizam a Alienação Parental.

O que a nova lei de guarda compartilhada assegura, como forma de evitar a Alienação Parental, é que os estabelecimentos públicos ou privados prestem informações para ambos os pais, sob pena de multa, caso não as forneçam.

A Alienação Parental pode ocorrer durante o relacionamento dos pais, como já vimos, mas usualmente acontece após o rompimento do relacionamento. Em alguns casos, logo após a separação, começam as condutas caracterizadoras da Alienação Parental. Porém, pode se iniciar quando um dos genitores assume outro relacionamento amoroso.

Sempre oriento meus clientes a não deixarem o regime de convivência livre, pois quando aparece uma terceira pessoa entre o ex-casal, pode surgir um grande problema. Podem ocorrer ligações em horas inconvenientes, um genitor aparecer na casa do outro em horas não marcadas, *WhatsApp* de mau gosto, dificultar a organização da vida do menor e do outro genitor, entre outras. Quer situação mais constrangedora do que o ex-marido chegar no sábado à noite para visitar seu filho, e a mãe com o novo namorado, sem aviso prévio da visita?

Quando as questões de visitação estão pré-estabelecidas, é só cumprir o acordo feito entre os pais, e o possível alienador não tem como usar esse meio para atrapalhar a vida de seu "ex". Vale lembrar que alguns pais cortam o contato do filho com o outro genitor, justamente para que ele fique desesperado e ligue fora de hora. Por essa razão que digo, essas questões devem ser analisadas caso a caso.

A comunicação entre os filhos e o genitor, que não mora com eles ou que não está presente naquele momento, deve ser possível, seja por meios eletrônicos (*WhatsApp*, mensagens, e-mail, *Skype*, *FaceTime*) ou por contato telefônico. Quando um dos pais dificulta ou impede o contato a distância, está cometendo Alienação Parental. Não passar telefonemas, dificultar acesso à *internet*, ou até restringir celular ou computador para esse fim são algumas das condutas caracterizadoras da Alienação. O contato entre os pais e os filhos deve ser o maior possível em benefício do menor, que não pode sofrer as consequências e privações da família em novo formato a partir da separação. Existem casos em que foi admitida a guarda compartilhada dos pais morando em cidades diversas, em que o contato entre pai e filho era feito através do *Skype*.

Porém, já vi pessoas que se autoalienavam. Johnny era pai de dois meninos, que moravam com a mãe, Ann. Johnny e Ann são norte-americanos, mas moravam no Brasil fazia muito tempo, e os filhos são brasileiros. Ann disponibilizava vários números de telefone para que o pai falasse com os meninos. Porém, o pai se recusava e somente queria falar em um telefone que ele tinha dado. Ann começou a desconfiar.

O telefone não funcionava direito e, além do mais, possuía um rastreador. O pai passou a acusar a mãe de dificultar a comunicação, mas a mãe tinha disponibilizado pelo menos mais cinco canais. É óbvio que ele estava fazendo uma autoalienação para se vingar da "ex". Qual seria o problema de ele ligar em qualquer outro telefone? Infelizmente, Johnny não estava feliz e queria desestabilizar Ann. Até que, em um surto psicológico, ele a denunciou ao Conselho Tutelar, porém, foi comprovada a falsa denúncia, e ele foi advertido por Alienação Parental. A atitude mais comum do alienador é difamar a imagem do outro: falando mal literalmente, usando de adjetivos jocosos ("o bonitão" ou "o folgado do teu pai"), ou ainda, implantando falsas memórias no menor. O alienador, ao se expressar através de inverdades, no todo ou em partes, acaba fazendo com que a criança tome aquele fato por verdadeiro, e ela passa a acreditar como se o tivesse vivenciado ou presenciado.

Segundo o psicólogo Jorge Trindade, a Síndrome das Falsas Memórias traz em si a conotação das memórias fabricadas ou forjadas, no todo ou em parte, em que ocorrem relatos de fatos inverídicos.

Sabe aquela história do mentiroso que acredita na própria mentira? É o que acontece na implantação de falsas memórias.

Há casos em que o próprio alienador começa a acreditar nos fatos inventados por ele mesmo.

O alienador quer que todos acreditem em sua verdade. Cenas, paisagens, conversas podem ser adotadas como próprias ou vividas pela criança, sem que nunca tenham acontecido. Outro indício é o menor começar a se expressar com termos que não são condizentes com a sua idade.

A implantação constante de falsas memórias na criança causa a sensação de que ela foi abandonada pelo genitor ou não é querida por ele, o que motiva-lhe tremendo transtorno psicológico. Aos poucos, o filho começa a acreditar em tudo que o alienador diz, se afastando do alienado.

Quando os pais se separam, os filhos não querem perder nenhum dos dois. É comum que eles tentem agradar a ambos. Algumas vezes, na volta de uma visitação, a criança pode voltar triste e dizer que o passeio foi ruim, mesmo tendo sido ótimo. Já para o outro genitor, ela pode falar que não queria voltar para casa e preferia ficar com ele. Na verdade, ela quer tanto agradar os dois, quanto também estar junto dos dois.

É comum que o filho sinta certa tristeza voltando para sua residência, já que é o momento que ele se despede de um deles e sente que realmente sua família se dividiu. Não é nada fácil ficarmos longe de quem amamos, especialmente de nossos pais. Então, nem sempre a fala da criança é o que ela realmente quer e o que exatamente aconteceu, portanto, devemos levar em conta essas variações antes de afirmar que está ocorrendo uma Alienação Parental propriamente dita.

É corriqueiro o alienador se posicionar como vítima, usando de chantagem emocional para sensibilizar seu filho. Quando ele usa desse artifício da chantagem, a criança tem medo de traí-lo no encontro com o outro genitor.

Tem coisa mais sofrida para um filho do que ter de escolher um de seus pais como favorito?

Pai e mãe são importantes na vida de seus filhos, cada qual em seu papel, não deveria haver uma ordem de preferência. Fazer a criança tomar partido de algum dos genitores é gerar tensão sem fim para ela. A lealdade ao alienador pressupõe a deslealdade ao alienado da criança vítima da Alienação Parental.

Os filhos, após o divórcio, passam a transitar na casa de ambos os pais, o que faz com que seja comum terem seus pertences nos dois lugares. Vez ou outra, eles querem levar coisas da casa da mãe para a casa do pai e vice-versa, ou trazem presentes que ganharam do outro genitor. Nessas situações, pode acontecer o fenômeno do "objeto contaminado", ou seja, tudo que vem da casa do outro genitor não é considerado bom para o filho. Nesses casos, frases comuns de serem ouvidas: "Essa roupa que você ganhou é feia", "esse remédio, indicado pelo médico que sua mãe te levou, não vai te melhorar", "vou dar essa caixa de bombom para alguém, porque não é de boa qualidade", entre tantas outras. Essas atitudes caracterizam a Alienação Parental e devem ser evitadas.

Quando a Alienação Parental atinge um grau mais avançado, é possível que o alienador comece a dificultar as visitações ou chegue até a mudar de cidade. Nos dias marcados para visitação, o alienador "inventa" compromissos para os filhos, e a visitação torna-se inviável, ou ele faz uma programação mais sedutora do que a visitação do alienado, sempre de forma sutil. Esses compromissos vão desde consulta médica, até festas de aniversário de parentes.

É claro que, às vezes, a flexibilidade na visitação ajuda, desde que o convívio com o outro genitor não fique prejudicado. Não é preciso levar o período de convivência a ferro e fogo, mas as constantes mudanças com o intuito de evitar uma visitação podem dar ensejo à Alienação Parental. Devemos evitar, também, avisar de última hora que não podemos ficar com os filhos. Geralmente, as crianças esperam ansiosas o dia da visitação dos pais, e isso acaba gerando certa frustração. O ideal também é que esses assuntos de dia de visitação fiquem entre os pais, uma vez que os filhos não podem servir de mensageiros, porque gera uma responsabilidade neles que nem sempre estão preparados para assumir.

Trocar finais de semana ou levar a criança em uma festa fora do dia determinado é comum, desde que não vire rotina. Mas, alguns pais acabam usando essa desculpa para evitar o relacionamento do filho com o outro genitor, caracterizando a Alienação Parental. Dificultar o contato dos filhos com a família do "ex", não deixar avós visitá-los, por exemplo, também configuram Alienação Parental, também chamada pela autora Bruna Barbieri de Alienação Familiar.

Tive um caso no escritório, de Mayara e Renan. Eles eram divorciados e viviam bem. Renan foi viver nova união estável com Jéssica. A filha do casal sempre ficava com os avós paternos nas viagens de trabalho da mãe Mayara. Quando Renan passou a conviver com outra mulher, seus pais foram contrários a essa união. Por esse motivo, ele queria proibir Mayara de deixar a filha com seus próprios pais. Mayara adorava os sogros e não via motivo para isso. Preferia deixar com os sogros do que com babá.

Renan não tinha tempo de ficar com a menina, mas queria proibir. Ele estava praticando uma Alienação Parental familiar por uma questão que não tinha nada a ver com o bem-estar da filha. Ele queria apenas usar a menina para atingir seus pais. Mayara não acatou a decisão do "ex" e até hoje leva a filha normalmente para conviver com os avós. Renan, até onde eu sei, nunca mais falou com sua família e vê a filha somente a cada 15 dias, porque não quis a guarda compartilhada.

A mudança de endereço para local mais afastado do genitor não residente ou até mesmo para outra cidade é um indício de Alienação Parental, desde que não comunicada ou se ocorrer sem motivação.

Distanciamento físico dificulta a convivência, fragilizando os vínculos entre o alienado e seu filho.

A nova lei de guarda compartilhada determina que os pais estejam de acordo com a mudança de domicílio do filho para outra localidade. Por isso, a nova lei veio em boa hora, já que ambos os pais devem tomar decisões conjuntas, conviver mais com os filhos, mantendo um laço maior de afetividade e minimizando a ocorrência de Alienação Parental.

O grau máximo da Alienação Parental ocorre nos casos de falsas denúncias contra o alienado. Tais denúncias falsas em Conselho Tutelar podem envolver desde violência, álcool, drogas, até abuso sexual. Nesses casos, o juiz pode suspender imediatamente as visitações para evitar um mal maior, afastando ainda mais o alienado e agravando a Alienação Parental. Quando o alienador comete falsa denúncia, ele está no grau mais alto de desconcerto para atingir o outro genitor. Ele esqueceu totalmente o bem-estar do filho e pensa somente no que de pior ele pode fazer para se vingar. Quando chega a esse nível, o estrago é grande e, infelizmente, aqueles filhos estão com um genitor totalmente descompensado.

Como dizia o jurista Conrado Paulino da Rosa: "O tempo é o senhor da Alienação Parental". Até demonstrar que a denúncia é falsa, o alienador já consolidou seu vínculo com o filho, e o alienado já perdeu convívio com a criança totalmente. Para restabelecimento desse vínculo, o processo é delicado e longo, geralmente com uma equipe multidisciplinar de psicólogos, assistentes sociais e até de psiquiatras.

A justiça está preparada para enfrentar todos os casos de Alienação Parental, porém, o processo é longo e demorado. As medidas tomadas pelo judiciário são: inversão da guarda, a guarda compartilhada, visitação assistida, multa, suspensão de Autoridade Parental, entre outras.

Estudos demonstram que as crianças que sofrem de Alienação Parental estão mais propensas ao uso de álcool e drogas para alívio da dor sofrida; distúrbios psicológicos como depressão, síndrome do pânico e ansiedade; suicídio; baixa autoestima; problemas de gênero sexual de acordo com o genitor alienado; problemas de relacionamento e dificuldade de relação estável, quando adultas. Se os alienadores se conscientizassem das consequências da Alienação Parental em seus próprios filhos, pensariam duas vezes antes de praticá-la. São os filhos as vítimas maiores de todo esse processo. O outro genitor alienado sofre sim, mas as consequências na prole são mais devastadoras.

Na Alienação Parental, podemos cometer alguns erros que não ajudam a resolver o problema, tais quais: ser tolerante com o alienador, levar em conta apenas as atitudes e palavras do filho, que podem estar contaminadas pelo alienador, não procurar ajuda especializada, interromper o contato com o filho devido à pressão e achar que o problema será resolvido com o tempo. Muitas vezes, até por medo, não tomamos uma atitude.

Alienação é assunto sério e grave, devendo ser prevenida e combatida. As consequências podem ser irreversíveis na formação psicológica do menor. Ao menor sinal de Alienação, procure um profissional habilitado. Preservar a saúde psíquica da criança e adolescente é preservar a família e a sociedade do futuro.

Lei de Alienação Parental não tem o objetivo de proteger abusador

Era um domingo qualquer de abril de 2018, quando o programa global Fantástico anunciava uma matéria com este título: "Pai abusador usa a Lei de Alienação Parental". Você deve estar se perguntando como assim? Pois vou te explicar no decorrer deste tópico. Com certeza, neste dia da matéria, todos os advogados que atuam na área de família, juízes, promotores, psicólogos, peritos se atentaram à matéria. A grande maioria absoluta ficou perplexa!

Como dissemos, a Alienação Parental é um abuso moral psicológico praticado contra uma criança. Pode ser praticado por qualquer pessoa que conviva com ela, não somente os pais, mas avós, tios etc. São diversas as condutas que caracterizam a Alienação Parental: falar mal do outro, retirar Autoridade Parental, evitar comunicação entre filho e pais, impedir ou dificultar a visitação, mudança de residência para local distante, e no seu último estágio, é o falso abuso sexual supostamente praticado pelo genitor alienado.

O Brasil é o único país que possui uma lei que regulamenta e combate a Alienação Parental. A lei foi feita com a finalidade de manter os filhos em plena conivência familiar, mesmo após o divórcio. Criança tem pai e mãe e deve crescer na presença de ambos, exceto em casos raros. Assim também, devem conviver com os outros membros da família. Portanto, diferentemente do que foi abordado na televisão, a lei não veio para proteger a pedofilia. Claro que o abuso existe, e ninguém aqui está de acordo com a pedofilia, mas se observou um número grande de denúncias de falsos abusos após o divórcio.

Uma vez, fui convidada a dar uma palestra sobre Alienação Parental em uma subsecção da OAB de São Paulo. Quando terminou a minha apresentação, começaram as perguntas, e eu prontamente fui respondendo. De repente, uma advogada foi até onde eu estava e me pediu o microfone que precisava dar um recado. Eu dei e ela começou: "Tudo o que ela disse na palestra é mentira. Richard Gardner criou a Alienação Parental para proteger os pedófilos e abusadores. Ele próprio era um deles."

Eu fiquei sem reação em um primeiro momento, mas aí expliquei que havia uma corrente que pensava assim, mas que a Alienação Parental consistia em outros atos (como já expliquei aqui para vocês) e não somente o falso abuso sexual. Tanto que a falsa denúncia pode ter uma outra origem, como uma denúncia falsa em Conselho Tutelar. Isso é para vocês terem noção da polêmica que causa este assunto.

O processo de Alienação Parental é extremamente longo, com diversas perícias feitas por profissionais habilitados nessa questão. Os peritos judiciais, assim também os assistentes técnicos indicados pelas partes, possuem larga experiência, e são capazes de apurar com mais precisão se houve ou não abuso. Além das partes envolvidas: pais, filhos, outras pessoas podem ser ouvidas: escola, psicólogo, familiares, babá etc. Na reportagem do Fantástico dava a impressão que se o pai for na vara da família e disser para o juiz que não abusou de seu filho, que a mãe está cometendo Alienação Parental, o juiz já reverte a guarda em favor dele. Mas, não é assim que ocorre. A análise probatória é longa

Dificilmente, uma mãe perderá a guarda assim. Até chegar neste ponto, há audiências, perícias e várias provas são produzidas.

É grande o número de pais que sofrem nessa situação, pois é difícil provar uma situação negativa, do tipo "eu não abusei". E o maior prejudicado é o filho, porque com a falsa memória de um abuso, ele passa a acreditar que realmente aconteceu aquela situação, sofrendo como se estivesse sido abusado. É mais difícil você provar algo que não fez do que provar o que fez.

Conheci um caso em que o pai foi absolvido no criminal, mas mesmo assim, ficou anos sem ver seu filho por falsa denúncia de abuso sexual. O juiz da Vara da Família suspendeu a visitação no início das denúncias e, por anos, não realizava os estudos biopsicossociais. Nesse meio-tempo, a mãe arrumou um namorado na Europa, pedindo uma autorização de viagem. O juiz da Vara da Infância concedeu. Meses depois, a mãe engravidou do namorado europeu e solicitou a mudança de domicílio para Europa junto com a criança. O juiz acatou o pedido, o menino foi morar com a mãe, com todas as visitações suspensas.

A perícia, durante anos, não foi analisada enquanto a criança morava no Brasil, imagine morando no exterior. A mãe já tem nova família na Europa, e esse pai, por morosidade do Judiciário, deve no máximo ver seu filho uma vez por ano. O tempo somente agrava a Alienação Parental, apesar de o processo tramitar com prioridade (nem sempre tem). Esse é um dos milhares de casos em que o falso abuso sexual gera dano irreversível aos filhos e à família, e a mora judicial só prejudica.

Enquanto escrevo este livro, está tramitando no Senado Federal um Projeto de Lei nº 498/2018 que pretende revogar a lei de Alienação Parental. A justificativa da revogação é que a lei protege os pedófilos. Só esquecem de que os atos de Alienação Parental são inúmeros e não somente a falsa denúncia de abuso sexual.

Alienação Parental é um dano moral contra a criança e independentemente da lei estar em vigor ou não, ela vai continuar existindo.

Aliás, a Alienação é reconhecida no judiciário, mesmo antes de haver uma lei. Assim como continuará sendo declarada nos processos judiciais.

Até a conclusão do livro ou sua leitura, pode ser que tudo tenha mudado. Vamos aguardar as cenas do próximo capítulo, mas espero que nosso Senado se informe e pense no melhor interesse do menor. Sou totalmente contra a pedofilia, sei que na maioria das vezes o abuso sexual de menores acontece entre os membros da família, é um crime repugnante! Acho que a lei deve ser até modificada, mas não simplesmente revogada.

Portanto, a lei de Alienação Parental veio para proteger a criança e o adolescente de pais separados para manter a convivência com ambos os pais. São diversos os atos descritos pela lei como atos de Alienação Parental, não somente o falso abuso sexual. Em suma, focar nisso é desprestigiar uma lei tão importante.

Alienação Parental após novo relacionamento de um dos pais

A Alienação Parental nem sempre aparece logo após o rompimento do relacionamento dos pais; algumas vezes, ela pode aparecer tardiamente. Alguns casais ainda conseguem manter boa amizade, e mesmo morando em casas separadas, dividem a rotina dos filhos. Essa situação costuma ir bem, até que um deles começa novo relacionamento. Não que isso, necessariamente, irá modificar a rotina da família, mas pode mudá-la consideravelmente.

O novo relacionamento de um dos pais rompe definitivamente o núcleo familiar e mostra que a separação veio para ficar. Enquanto essa situação não ocorre, ainda pode haver esperança de reatar o relacionamento, tanto pelos filhos, quanto por aquele que ainda nutre algum tipo de sentimento. Quando entra uma terceira pessoa, namorado(a) de algum dos pais, a situação muda e pode ensejar o início de uma Alienação Parental, caso os genitores não estejam equilibrados.

Geralmente, o genitor que está sozinho, ou seja, aquele que não tem novo companheiro, se sente abandonado ou pode ter ciúme do "ex" por estar seguindo sua vida amorosa. Se isso ocorre, algumas vezes, ele pode usar os filhos para atingir o outro, praticando Alienação Parental. É comum ouvir frases do tipo "seu pai agora já tem um novo amor", "sua mãe agora não dará a mesma atenção para vocês", "seu pai terá uma nova família", "sua mãe se preocupa mais com o filho do namorado", "sua mãe gosta mais do namorado do que de você", "seu pai só viaja com a namorada e não te leva" etc. Tais frases são características da Alienação Parental, e o que era bom relacionamento, passa a ser uma relação doentia.

Atitudes como atrasar na entrega dos filhos para prejudicar a programação do outro com o novo parceiro, ou passar a dificultar a visitação são indícios de Alienação com o intuito de vingança ao genitor que agora possui um companheiro.

Os filhos que estavam acostumados com a amizade dos pais passam a sofrer com a nova situação, como se a verdadeira separação acontecesse nesse momento. Na maioria das vezes, começam a ver o(a) novo(a) companheiro(a) como um inimigo que entrou para a família, com o intuito de destruir o bom relacionamento dos pais.

Nem sempre a Alienação é cometida pelo genitor que está sozinho, existem situações em que a Alienação é feita por quem arrumou o novo companheiro. Há, também, situações em que o ciúme não parte do genitor da criança, mas sim, do terceiro. Por exemplo, a namorada passa a cobrar mais atenção, começa a criticar a "ex", afasta o pai dos filhos, quer tomar o lugar da mãe, faz críticas em relação à educação das crianças, persegue a "ex" etc. O genitor, que não está equilibrado emocionalmente, dá ouvidos a essas críticas e muda seu comportamento em relação à "ex" e aos filhos. Se antes ele achava o outro um bom pai ou uma boa mãe, agora começa a criticá-lo, ou diretamente, ou por meio dos filhos.

A família, que antes era bem-estruturada, mesmo com o casal separado, passa a viver um verdadeiro inferno. O companheiro que se mantém sozinho, ainda que bem-resolvido em relação ao ex-companheiro, passa a sofrer com essa situação. Às vezes, até um dos genitores apenas arrumou outra pessoa para provocar, e se vê que não deu resultado, muda seu comportamento com o intuito de ferir. Independentemente de novo relacionamento dos pais, a família, mesmo que rompida, deve ser mantida de maneira saudável. Os filhos não podem ficar à mercê do equilíbrio emocional dos pais, e muito menos da influência de terceiros. Claro que todos devem seguir suas vidas amorosas e suas rotinas, mas esse fator não deve influenciar a saúde mental e emocional dos filhos. A família somente mudou seu formato, passando de mononuclear para binuclear, com os filhos transitando por esses dois núcleos (núcleo do pai e núcleo da mãe).

O novo companheiro deve entender a dinâmica familiar e se inserir na família por meio do diálogo e do afeto. É óbvio que o melhor para as crianças é que elas tenham um bom relacionamento com os pais e seus companheiros. Porém, pais e mães, desde que presentes, não devem ser substituídos. Há genitores que simplesmente acham que o novo companheiro deve substituir seu antigo cônjuge, quando o correto é cada um ter sua posição e ocupar seu lugar.

Aliás, obrigar os filhos a chamar o novo companheiro de pai ou mãe é ato típico de Alienação Parental.

O padrasto ou a madrasta devem ter ótimo relacionamento com seus enteados, o que representa o melhor caminho para a família toda, mas para isso, não precisam desconstruir a relação dos filhos com seus genitores, incentivando uma Alienação Parental.

Bert Hellinger, estudioso das Constelações Familiares, diz que os filhos do primeiro casamento devem estar em primeiro lugar na nova família formada. Assim como o primeiro cônjuge deve ser respeitado como tal. Não precisam ser melhores amigos, mas não podem ser anulados ou desrespeitados. A tendência dos novos relacionamentos em que há uma situação dessas é não dar certo, por não haver respeito às ordens do amor e à posição das pessoas dentro daquela família reconstruída.

Com isso, concluímos que a Alienação Parental pode ocorrer tardiamente, principalmente após novo relacionamento de um dos pais, momento em que a família pode sofrer o verdadeiro rompimento. Essa Alienação pode acontecer tanto do genitor que se mantém sozinho, quanto do genitor que está em novo relacionamento. O Casal Conjugal se rompeu, e cada um deve seguir sua vida, porém, o Casal Parental deve se manter para cuidar de seus filhos da maneira mais saudável possível.

Existe ex-marido e ex-esposa,
mas não existem ex-filhos
e eles devem ser preservados.

11

Os filhos só podem ser crianças quando os pais forem adultos

" Quanto mais se nega ao filho o direito de tomar o pai assim como é, maior a força inconsciente que vincula os dois, tornando-os iguais."

Sami Storch

Filhos nunca querem os pais separados. Isso é fato! Mas viver em um campo de batalha não prejudica ainda mais o desenvolvimento dos menores? Criança aprende pelo exemplo, não pelo que falamos. Não seria pior um relacionamento extremamente conflituoso do que um ex-casal amigo?

Eu, Ana, particularmente, prefiro um relacionamento saudável entre os pais separados do que um casamento falso, cheio de brigas, desrespeito e traições. As crianças, nos dias de hoje, são muito mais espertas e sensitivas. Se a desarmonia reinar em nome de um relacionamento estável, com certeza elas perceberão. Não sou a favor de desistir do casamento na primeira briga ou dificuldade, mas todos nós temos um limite.

Segundo o psicólogo Rossandro Klinjey, as crianças se adaptam mais facilmente ao divórcio dos pais do que os adultos. Elas são muito mais resilientes nessas situações. Resiliência é a capacidade de se adaptar diante de situações adversas. Se os pais agirem com respeito e amizade na criação e educação dessas crianças, elas serão mais felizes do que se os pais estivessem casados, mas infelizes.

Se o divórcio acontecer, os pais precisam estar atentos às emoções de seus filhos, e tentar colocá-los em primeiro lugar, respeitando seus sentimentos e entendendo que o filho é do pai e da mãe, sem disputas.

Não tem como dividir o filho ao meio como se partilha um bem, nem como fazê-lo escolher um dos dois. Como dissemos, fazer o filho escolher de qual lado ficar, ou de quem gosta mais, gera angústia tremenda na criança.

Os adultos devem preservar seus filhos e tentar manter um clima ameno e cordial. É importante que os pais sejam educados entre si, se cumprimentem, falem pelo menos o essencial. As crianças sofrem quando os pais não se falam.

Elas se tornam verdadeiros pombos-correios, o que é uma responsabilidade exagerada e estressante para elas. Claro que quando já estão na adolescência é até comum combinar visitação pelos filhos, mas o que puder ser resolvido entre adultos é melhor para eles. Vocês conseguem imaginar a dor de um filho, que ama ambos os pais, ao ver que um se recusa a conversar com o outro? Os pais devem ser responsáveis o suficiente para assumir que o casamento acabou, mas aquela família continua.

Vou contar para vocês a história de Toninho. Toninho era divorciado de Tamara, e eles tinham três filhas, com 3, 5 e 9 anos. Quando ele estava sem namorada, ele era o melhor amigo de sua ex-esposa. Mas, bastava arrumar uma namorada, que ele simplesmente parava de falar com a Tamara. Houve uma namorada, com quem ele viveu breve relacionamento estável, a quem ele obrigava as meninas a chamar de mãe. Nesse caso, seria Alienação Parental também. Mas, o que me chama atenção nessa história é o fato de ele querer sempre encaixar nova mulher, anulando a antiga.

As filhas eram as que mais sofriam, porque havia momentos em que os pais eram amigos, e em outros, o pai se recusava a qualquer contato, inclusive bloqueando a "ex". Toninho não poderia imaginar o quanto essa atitude de mero capricho prejudicava o psicológico de suas filhas. A mãe até tentava explicar, mas a cada relacionamento mais estável, ele seguia com a mesma conduta.

Então, qual era o problema de Toninho? No fundo, ele não digeriu bem o fim do relacionamento com Tamara e queria simplesmente substituí-la. Só que isso não é possível. As pessoas ocupam determinadas posições em nossa vida por um período e trazem consequências. A consequência da história de amor deles eram as filhas. Portanto, somente depois de muita luta, Toninho se rendeu à terapia por algum tempo e entendeu que ele não precisava de alguém para ocupar o lugar de Tamara, mas sim, construir novo relacionamento, respeitando o antigo. Com isso, as filhas voltaram a ser felizes, já que os pais voltaram a conversar.

> *Ninguém precisa ser o melhor amigo do "ex", todavia, um relacionamento cordial é saudável para os filhos.*

Os pais devem deixar de lado os motivos do fim do relacionamento e conversar. Não precisam ser os melhores amigos, mas não fazem bem para os filhos aqueles pais que nem se olham na cara ou mal se cumprimentam. Mas, para isso, os dois devem querer e estar conscientes.

O mínimo necessário, para demonstrar respeito e também para trocar informações sobre as crianças, os genitores devem conversar. Não é nada aconselhável usar os filhos de pombo-correio ou mensageiros. Também não é bom se falarem somente por meio de uma terceira pessoa. Os pais colocaram aqueles filhos no mundo e devem assumir suas responsabilidades. Mesmo "odiando" o ex-companheiro ou a ex-companheira, pais devem se falar o mínimo possível para dar segurança àquelas crianças.

Os filhos também não suportam quando seus pais os entregam na porta como um objeto. Uma conversa de dois minutos com o "ex" não fará mal algum. Conversar sobre filhos não quer dizer que haja um sentimento de amor entre genitores, mas somente uma relação amistosa em nome de um bem maior, que são as crianças.

O relacionamento entre pais e filhos deve ser o mais salutar possível, não importando se os pais estão juntos ou separados. A criança pode e deve gostar de ambos; faz bem ao desenvolvimento de sua personalidade o contato com seus pais. Quanto mais o filho conviva com ambos os pais, mais estruturado, emocional e psicologicamente ele será. É importante a figura materna e paterna na vida do filho, uma vez que, segundo Bert Hellinger, sua formação é constituída por exatamente 50% de cada. Quando anulamos um dos pais, o filho tende a repetir seu comportamento para incluí-lo, segundo a terapia das Constelações Familiares.

O genitor que mora com seu filho terá mais contato com ele, e não deve impedir a convivência com o outro que deixou o lar. Ao contrário, a convivência com ambos deve ser a mais ampla possível, independentemente da residência fixada na separação dos pais. Agora, se o outro descumprir visitações, é um problema dele; não podendo alegar depois que foi privado desse convívio. Devemos estar sempre atentos a isso, pois existem pessoas que realmente evitam o contato dos filhos com o "ex". No entanto, eu já vi casos em que o genitor não aparecia, descumpria visitação, não ficava no período de férias, não pedia a guarda compartilhada, alegando que a "ex" impedia a visitação. Argumentava que o outro genitor exibia a sua guarda unilateral, porém, em nenhum momento se disponibilizava a ficar com os filhos ou requeria uma guarda compartilhada. Falar mal do "ex" é fácil, agora quero ver ficar e cuidar dos filhos.

Como falamos, é aconselhável a livre comunicação entre pais e filhos, para que a criança não sinta tanta falta nem de um, nem do outro. Os pais devem disponibilizar ao outro genitor o maior número de meios possíveis. Mas, sem permitir que se crie a obsessão de ligar o dia todo ou de querer saber onde está o tempo inteiro.

Toninho e Tamara tinham um ótimo acesso um ao outro quando Toninho se encontrava solteiro. Quando ele namorava, simplesmente bloqueava a mãe, e, quando as filhas iam para a casa do pai, Tamara não tinha como falar com elas. O máximo que ele permitia era que as meninas ligassem uma vez apenas com um telefone "desconhecido" ou "sem identificação". No retorno da visitação, as meninas já chegavam em casa se desculpando com a mãe, extremamente chateadas. Tamara disponibilizava todos os seus números, além do celular das meninas. Ela não mandava o celular das meninas para a casa do pai, porque em outro momento, ele havia instalado localizador. Não há algo mais constrangedor do que ter um ex-marido te localizando 24 horas por dia. Contudo, depois da terapia, esse problema também foi sanado.

Reiteramos que o ideal seria que as casas de ambos os genitores se parecessem e tivessem as mesmas coisas. Porém, às vezes, não é possível, o que é compreensível. Quando a guarda é compartilhada e o regime de convivência é amplo, quanto mais as casas forem parecidas, melhor é para a adaptação do filho. Assim como a rotina. Não importa com quem o filho esteja, seus horários e compromissos devem ser os mesmos. Isso é mais saudável, já que o melhor interesse do menor deve ser preservado, não o interesse dos pais.

As brigas devem ser evitadas, principalmente na frente dos filhos. As crianças não entendem dos assuntos de adultos e devem ser poupadas. Visitações e dinheiro são assuntos decididos entre os pais e não precisam da participação dos filhos. Os filhos sofrem quando são obrigados a presenciar tais conversas.

> *Algumas vezes, eles se
> sentem responsáveis e culpados
> pelas brigas. Como se pensassem
> "se eu não existisse,
> eles não estariam brigando."*

Por essa razão, é tão importante os pais serem bem-resolvidos. Além disso, filhos aprendem pelo exemplo: Esse seria o tipo de relação que você gostaria que seu filho tivesse na memória?

Mais importante do que dar presentes, na maioria das vezes tentando comprar os filhos, é dar carinho, atenção, afeto e amor. É ouvir os sentimentos e as dificuldades deles. Mil passeios também não são necessários; as crianças gostam também de ficar em casa brincando ou assistindo a seu filme favorito. Claro que passear e viajar também beneficiam o seu desenvolvimento.

Conheço pais, que mesmo tendo condições financeiras, nunca passeiam com os filhos e não os levam para viajar. Porém, vivem passeando e viajando. Não acho isso justo, porque os filhos devem ter as mesmas oportunidades e o mesmo padrão dos pais. Obviamente, viagens a trabalho não entram nesse rol.

Rossandro Klinjey esclarece bem quando diz que filhos devem primeiramente respeitar os pais, para depois amá-los. Amor vem do respeito. Se os pais pensarem somente em dar amor, mas não derem limites, os filhos crescerão frágeis e com dificuldades para tomar o "não" da vida. A tendência dos pais divorciados é sentir culpa pela separação, então, eles possuem mais dificuldades em dar limites e impor respeito.

Muitos querem ser apenas os "bonzinhos" ou os permissivos, para que o filho o prefira em vez do seu "ex". Esse tipo de comportamento traz prejuízo aos filhos, já que eles precisam de limites. O ideal seria o trinômio "limite-respeito-amor" para uma relação entre pais e filhos equilibrada. Amor é essencial, mas sem limites e respeito não está completo. Amar é respeitar.

Diante de novo relacionamento de um dos pais, o outro deve evitar demonstrar ciúme na frente dos filhos. Assim como aquele que está na nova relação não deve falar mal do seu "ex" ou tirar sua autoridade. Um terceiro muda a dinâmica da família, mas não quer dizer que mude para pior.

Simplesmente transforma, e existem pessoas que realmente agregam valor e amor. Mas, nem sempre é fácil lidar com a entrada de nova pessoa na relação entre o genitor e seu filho. Lidar com isso em um conflito seria pior ainda. Os filhos devem continuar sendo prioridade mesmo diante de novo relacionamento. As coisas devem acontecer de maneira leve e gradual.

E por fim, os pais não podem tratar
seus filhos feito troféus, do tipo
"eu ganhei a guarda",
tampouco como um objeto
de vingança ao "ex".

Hoje, com a lei da guarda compartilhada, quem tem apenas a visitação de uma guarda unilateral, se realmente quiser, pode ingressar em juízo pedindo o compartilhamento. Se não o faz, é porque realmente não quer a guarda.

Insistimos que os genitores devem lembrar que são seus filhos, seus descendentes, seu fruto e seu futuro. Como diz Bert Hellinger: "Os filhos só podem ser crianças quando os pais forem adultos".

12

O amor tem preço? Abandono afetivo

" Amar é faculdade, cuidar é dever. "

Nancy Andrighi

O princípio básico do Direito de Família, hoje, é o AFETO. Mas afeto é amor?

Segundo a psicanálise, o afeto pode ser positivo ou negativo, ou seja, não é somente amor. O afeto pode ser amor e até ódio. Não é todo dia que acordamos apaixonadas pelos nossos parceiros. Às vezes, sentimos raiva de nossos pais ou filhos, brigamos com nossos familiares. Não é todo dia que queremos estar casados ou ser o genitor perfeito.

Quando essas situações acontecem, significa que nosso afeto está negativo. Nos momentos em que estamos amando e felizes, nosso afeto é positivo. Portanto, afeto não é amor, ódio não é contrário ao afeto (é afeto negativo), e o contrário do afeto é a indiferença.

Para o juiz de direito Wlademir Paes de Lira, o afeto que gera efeitos no mundo jurídico é o objetivo, e explica: "O afeto objetivo, que se pode mensurar juridicamente, é o que está relacionado à solidariedade, ao respeito, assistência, cuidado, responsabilidade e convivência. É, portanto, um dever recíproco entre os integrantes de um grupo familiar, conferido e imposto a todos, de acordo com o papel que cada um ocupe na entidade". Isso significa que, quando falamos de abandono afetivo, não falamos propriamente de amor, mas de todos os demais cuidados inerentes à relação entre pais e filhos.

Abandono afetivo, portanto, é quando um pai ou uma mãe deixa de conviver com seu filho, não cuida, não se responsabiliza por nada, não é solidário. Joana era filha de Mário e Rosana.

Quando a menina tinha dois anos, Mário saiu de casa e nunca mais voltou. Ele continuava pagando pensão alimentícia religiosamente, mas nunca mais tentou qualquer contato com a filha.

As figuras maternas e paternas são importantes para a vida de um filho. Não necessariamente deve ser um casal heterossexual, mas aquelas pessoas que um dia se dispuseram a ter um filho devem conviver com esse filho.

É um direito da criança
a convivência familiar,
e quanto maior o contato
com ambos os genitores,
melhor será seu
desenvolvimento emocional.

É difícil cortar relações que existem de fato.

Não importando se o filho é biológico ou socioafetivo, os pais devem ampará-lo. Esse amparo não se resume somente à assistência material, como o pagamento da pensão alimentícia. Abrange também a assistência afetiva e moral dos pais para com seus filhos, independentemente do estado civil em que se encontram os genitores.

No caso de Joana, apesar de Mário optar por se separar, ele não deveria ter abandonado a filha.

A relação com Rosana tinha chegado ao final, ou seja, sua relação conjugal terminou, mas não a relação de pai e filha. Infelizmente, aconteceu, e Joana nunca se sentiu bem com a situação.

Conforme falamos, mesmo os pais que nunca foram casados possuem o dever de auxiliar seus filhos em todos os aspectos.

Certamente, ninguém é obrigado a amar ninguém, mas o simples pagamento de uma pensão alimentícia não exonera o genitor das demais obrigações afetivas, morais e educacionais.

Mário não era obrigado a amar a filha, mas deveria conviver e cumprir seus deveres como pai, mesmo que esporadicamente.

Mário, simplesmente, abandonou afetivamente Joana.

Os tribunais brasileiros estão admitindo a possibilidade de os filhos reclamarem por danos sofridos pelo abandono afetivo. Seria uma ação ingressada por aquele que foi abandonado contra seu genitor, a fim de receber uma indenização em dinheiro.

Foi isso que Joana fez quando completou seus 18 anos. Ela entrou com uma ação, demonstrando os danos no seu desenvolvimento devido à ausência de seu pai. Mário foi condenado ao pagamento de R$ 70.000,00 (setenta mil reais).

O amor não tem preço. Com certeza, esse valor não reparou a falta que o pai fazia na vida de Joana. Mas, ela ficou com sequelas emocionais pela ausência de Mário.

Não há uma maneira de quantificar danos tão profundos.

No entanto, serve de alerta e estímulo para que outras pessoas não façam o mesmo, além de contribuir para que os prejuízos causados em Joana pudessem ser minimizados de alguma forma.

Não é todo tipo de abandono que será indenizado; será preciso comprovar um ato ilícito do genitor (abandono) e o dano causado ao filho.

Sem comprovar os prejuízos do abandono, não é possível o reconhecimento do dever de indenizar. Tais prejuízos podem atingir a moral, honra, dignidade, imagem, reputação social e algumas vezes situações vexatórias. Por óbvio, a indenização é apenas compensatória, já que não há preço para o estrago que a ausência de um dos genitores gera no indivíduo. Mário era indiferente, o que deu ensejo ao abandono afetivo.

Mas o amor tem preço? Uma indenização pagaria a falta que um pai ou uma mãe faz na vida de um filho? Com certeza, a resposta é NÃO. Mas, seria uma forma de punir aquele genitor infrator e minimizar um dano causado ao filho.

Amor não tem preço, e a indenização serve de valor simbólico e compensatório. Ela somente diminui a sensação de dano, mas nunca o dano que foi realizado ao longo de anos.

Afeto não é um sentimento, é um dever de cuidado em todos os sentidos.

Abandona quem acredita que o sustento material, por si só, é o suficiente para a criação dos filhos. Ninguém pediu para nascer!

Como diz a ministra Nancy Andrighi, do Superior Tribunal de Justiça: "Amar é faculdade, cuidar é dever". Portanto, os pais podem amar ou não seus filhos, mas de qualquer maneira, eles devem cuidar.

13

Unidos pelo litígio

" *Atacar a ferida alheia não sara a sua.* **"**

Rossandro Klinjey

Nem todos os conflitos podem ser resolvidos amigavelmente. Frequentemente, presenciamos pessoas de nosso convívio "brigando na justiça". O amor vira ódio. O bordado que estava do lado bonito, enquanto estavam juntos, vira ao avesso, e os emaranhados aparecem. O que eram flores virou espinho. Aquelas pessoas que sempre mostraram seu melhor, agora, mostram seu pior. São histórias vividas, mágoas envolvidas, ressentimentos presentes, o que torna tudo mais complicado.

*Já ouviram aquela frase?
"Você só conhece a pessoa pela
maneira como ela sai da sua vida".*

E não é que tem um fundo de verdade? Quando a pessoa vai embora, quando ela já não tem mais nada a perder, ela costuma mostrar seu pior lado. Nem todo mundo quer brigar, mas a cultura do brasileiro ainda é litigiosa. Conflito pode existir, mas deve ser gerenciado da melhor maneira possível. A separação é uma união desfeita que implica diversos fatores, e cada uma das questões pode gerar um conflito. É com quem fica a casa, com quem o filho vai morar, quanto será a pensão alimentícia mensal, o cachorro é de quem etc.

Antes do surgimento do Direito, regia a lei do mais forte. Com o surgimento do Estado, surgem formas de resolver os conflitos, que podem ser jurisdicionais (pelo próprio Estado) ou alternativas. E o que isso quer dizer? Que o Estado pode resolver o problema das pessoas, como quando o juiz decide algo que estava em uma briga. Os envolvidos não resolveram nada, foi o Estado, na figura de um juiz, que decidiu aquele litígio. Ou melhor, uma pessoa fora da briga, no caso o juiz, resolveu a questão. Quando as próprias pessoas resolvem suas questões, sem a interferência do terceiro, acontecem as soluções alternativas de conflito.

São formas alternativas de solucionar as controvérsias: autotutela (justiça com as próprias mãos), mediação, conciliação e arbitragem. Ou seja, o processo judicial não é a única, nem a melhor maneira, de administrar a crise; existem outras formas menos danosas de resolver as questões familiares. Infelizmente, no Brasil, o mais comum é acionar o juiz para resolver tudo, mas as pessoas se esquecem do quanto é doloroso um processo judicial. Elas se esquecem de que a família fica desgastada, e os filhos são os mais atingidos.

As soluções alternativas de conflito se dividem em: autocompositivas ou heterocompositivas. Autocompositivas são aquelas em que as próprias partes chegam à solução da controvérsia, como ocorre na mediação e na conciliação. Com a ajuda de um profissional habilitado, por meio dessas técnicas, as pessoas conseguem visualizar qual resultado seria bom para ambas as partes.

A solução alternativa heterocompositiva é a arbitragem, em que um terceiro habilitado é escolhido para decidir por elas seu conflito. Não é um juiz, é um árbitro; e sua decisão vale como um título executivo e deve ser cumprida. Nas questões familiares, por se tratar de direito indisponível, não é permitida a arbitragem.

Os argentinos têm fama de serem briguentos, mas convivendo lá durante meu doutorado, observei que a nossa cultura é muito mais litigiosa. Lá, antes de entrar com um processo judicial, os argentinos recorrem à mediação. É algo normal para eles. É um costume que apenas beneficia as partes envolvidas, considerando que um processo judicial é mais desgastante e moroso. A nossa mentalidade ainda é jogar tudo na mão de um juiz, dar sua vida para um terceiro resolver, no eterno jogo "ganha ou perde".

Fases do luto

Quando há separação de um casal (ou qualquer outro acontecimento marcante, como a morte), dizem que as pessoas passam pelas fases do luto. São cinco: negação, raiva, depressão, barganha e aceitação.

A primeira fase é a negação, ou seja, em um divórcio, uma das partes pode achar que é uma briguinha boba e que eles ainda vão voltar. Não acredita na realidade e acha que é apenas uma fase. Laura disse para seu marido que não o amava mais, que estava apaixonada por outro. Ele não acreditava, em alguns momentos, pensava que era mentira de Laura, em outros, pensava que era apenas uma fase, mas não a ponto de terminar o relacionamento. Ou seja, o marido de Laura estava vivendo a fase da negação. Outro exemplo típico dessa fase é quando a pessoa acha que o outro a ama, mas pensa que o outro não sabe que ama. Exemplo, o marido de Laura pensava: "Ela me ama, tenho certeza, mas está negando para si mesma".

A segunda fase do luto é a raiva. É a fase em que existe uma revolta por estar passando por aquela situação, e um sentimento ruim em relação ao outro. No caso de Laura, quando o seu marido percebeu que ela estava apaixonada por outro e não gostava mais dele, ele se revoltou. Queria expulsá-la de casa, queria deixá-la sem dinheiro, pensou em agredi-la (mas se conteve). Nessa fase do luto, a pessoa sente muita raiva.

A terceira fase do luto é a depressão. A pessoa já negou, já teve raiva, e agora vê que não tem mais jeito. Ela começa a ficar triste, chora, não tem vontade de fazer nada, fica cabisbaixa. Quando o marido de Laura percebeu que havia perdido sua esposa mesmo, ele não tinha mais vontade de trabalhar, não queria sair com amigos, sua vida se resumia a trabalhar por obrigação, voltar para casa e curtir a fossa.

A quarta fase é a barganha, quando a pessoa começa a ceder alguma coisa para tentar encontrar paz. O marido de Laura, aos poucos, passou a fazer coisas novas, começou a conhecer outras pessoas, saía eventualmente com os amigos, estava voltando para a vida. Não estava feliz ainda com a nova vida de solteiro, mas estava tentando levar a vida de uma maneira mais leve. Nessa fase, já é muito comum um acordo entre as partes. Fase ideal para começar a mediar. E foi isso que aconteceu com eles. Laura procurou uma mediadora extrajudicial, e em duas sessões de mediação conseguiu um acordo com seu ex-marido.

A quinta fase do luto é a aceitação, quando a pessoa já superou. Uma ótima fase para solucionar o conflito consensualmente. Nessa fase, ambos estão bem-resolvidos e felizes. Essa fase é linda na teoria, mas o que vemos na prática é que a maioria não é assim, infelizmente.

Seria ótimo que as pessoas superassem as dores da separação, como algo que serviu de experiência, que foi bom enquanto durou, mas que acabou.

Fechar o ciclo é importante. Mas, fechar o ciclo com todas as questões superadas é melhor ainda. Por isso, é tão importante que as pessoas tenham consciência dessas fases e saibam que vai passar. Nem todos passam por todas essas fases, algumas pessoas pulam uma ou outra. É essencial reconhecer em que momento estamos, para descobrir a melhor solução. Tenha consciência de que são apenas fases. Mas há solução.

Mediação e conciliação

Você deve estar lendo este livro e pensando: "Como vou resolver meu problema?"

Agora que expliquei todos os fatores de uma separação, as questões relativas aos filhos e ao patrimônio, chegou a hora de vermos como sair dessa confusão. Existem várias maneiras de resolver o conflito, porém, algumas são mais danosas. Com certeza, o que provoca maior desgaste e custo é o processo judicial. Com base nisso, nosso Código de Processo Civil, que é de 2015, trouxe outras soluções: como a mediação e a conciliação.

Há diferenças entre a mediação e a conciliação. A conciliação é usada, geralmente, para situações específicas, como uma cobrança de dívida. Já a mediação é usada nas relações continuadas, como as relações de família (guarda, visitação, pensão).

O objetivo da conciliação é chegar a um acordo, e o conciliador pode dar sugestões. Enquanto que o objetivo da mediação não é o acordo, mas sim o estabelecimento da comunicação não violenta e suas técnicas, para que as próprias partes solucionem o conflito.

A conciliação pode resolver o problema de maneira consensual por um acordo, entretanto, é a mediação que trata a raiz dos problemas entre as pessoas. O mediador, diferente do conciliador, deve ser imparcial e não pode opinar. No processo judicial, um ganha e outro perde, na mediação, os dois ganham, porque não foi um terceiro que decidiu, mas eles que chegaram à conclusão do que era melhor. É o famoso "ganha-ganha".

O conceito dado pela Lei de Mediação é: "Considera-se mediação a atividade técnica exercida por terceiro imparcial sem poder decisório, que, escolhido ou aceito pelas partes, as auxilia e estimula a identificar ou desenvolver soluções consensuais para a controvérsia".

A mediação é uma negociação assistida, com a participação de uma terceira pessoa imparcial, o mediador. O mediador facilita a comunicação entre as partes e ajuda no restabelecimento da confiança e respeito entre elas. Ele não interfere, nem decide o conflito; são os envolvidos que chegam à melhor solução. Ele ajuda as partes a enxergarem o conflito por diferentes ângulos, e faz com que uma parte ouça a versão da outra. O desgaste emocional e financeiro é menor do que o de um processo judicial, e a base do conflito pode ser resolvida.

Para quem não sabe, fui conciliadora e mediadora por quatro anos no Fórum Penha de França, em São Paulo. Nesse tempo, pude observar como é melhor quando há um acordo entre as partes.

Ouvi tantas histórias e tantos casos, o que agregou uma experiência incrível para minha vida. Vemos que os problemas são muito semelhantes, que as pessoas possuem as dores parecidas, mas que para tudo se dá um jeito.

De uma coisa eu tenho certeza, mediação e conciliação foram os melhores caminhos que já presenciei. Tanto é que, quando fui criar minha empresa, a Família Humanizada, meu primeiro pensamento foi implantar a conciliação e a mediação extrajudicial, porque eu sabia dos resultados positivos que poderiam trazer para as pessoas. Infelizmente, ainda não somos educados para aceitar um procedimento como esse, pois queremos sempre brigar na justiça.

Contudo, se as pessoas soubessem dos benefícios de uma mediação, pensariam duas vezes antes de começar um processo judicial.

Existem princípios que regem a mediação, como a confidencialidade. Mesmo em uma mediação feita no judiciário, o que acontece entre as partes deve ficar somente entre elas e o mediador. Nem o juiz deve saber, para não ser influenciado. Aliás, acho o "fim da picada" alguns fóruns onde há juízes que fazem conciliação e mediação, pois a lei diz que devem ser feitas por mediadores e conciliadores capacitados, uma vez que esses, sim, são imparciais. Claro que durante um processo judicial, o juiz deve sempre tentar um acordo, mas as sessões específicas devem ser realizadas por esses outros profissionais.

A mediação é um procedimento informal (sem regras rígidas); flexível (número de sessões e datas de acordo com a vontade dos envolvidos); voluntário (as partes devem querer participar, caso contrário não é possível); não competitivo (não há um ganhador, a solução é a melhor para os dois); não vinculante (pode ser rediscutido); marcado pela oralidade (pelo diálogo); pela isonomia entre as partes (igualdade) e de cunho participativo (a participação dos envolvidos é a mais importante para o resultado).

Resumindo: não tem regras formais como no processo judicial, são as pessoas que decidem se querem iniciar, continuar e por quantas sessões. É por meio de uma conversação guiada pelo mediador, sem sua interferência, mas usando várias técnicas, que as pessoas resolvem seus próprios problemas. Não há perdedor, somente ganhadores. O mediador não vai decidir nada.

A mediação pode ser feita durante o processo judicial ou antes de ingressar com esse processo. Além disso, pode ser realizada no poder judiciário, mas é usada extrajudicialmente em grande parte dos casos. Hoje, existe até a modalidade *online*, com sessões realizadas pela *internet*. Ela pode ser feita para resolver todo o conflito ou parte dele.

Quando há intenção de transformar o relacionamento das partes, não apenas resolver determinada questão, pode ser utilizada a mediação transformativa. O que eu quero dizer com isso? Por exemplo, não há mais bens a partilhar, não precisa mais definir guarda de filhos, não existem mais questões específicas a serem solucionadas, mas a relação ficou estremecida, já não existe mais diálogo entre o ex-casal, ambos se relacionam com animosidade. Contudo, eles querem melhorar isso. Eles querem restabelecer uma relação saudável entre si para o bem-estar dos seus filhos. Então, eles recorrem a uma mediação transformativa, com o intuito de melhorar a comunicação entre eles em prol de toda a família.

O novo Código de Processo Civil brasileiro, que entrou em vigor em 2015, estimula tanto a mediação, quanto a conciliação. Define conciliação como: "O conciliador, que atuará preferencialmente nos casos em que não houver vínculo anterior entre as partes, poderá sugerir soluções para o litígio, sendo vedada a utilização de qualquer tipo de constrangimento ou intimidação para que as partes conciliem". Isto é, as diferenças em relação à mediação são que a conciliação é usada para relações em que não há vínculo anterior, e o conciliador pode sugerir soluções; já na mediação, o mediador é totalmente imparcial.

> *Nos conflitos familiares,*
> *é interessante que a mediação*
> *seja feita por uma equipe*
> *multidisciplinar, porque não*
> *se trata apenas de um conflito jurídico,*
> *mas do relacionamento humano mais*
> *importante: a nossa família.*

Como dissemos, na mediação e na conciliação, não há um perdedor, nem um ganhador, uma vez que a solução foi dada pelas próprias partes do conflito. Um cede de um lado e outro do outro, até chegarem a um consenso bom para ambos. Não existe o jogo do ganhar e perder, ambos são ganhadores. E tem coisa melhor do que isso? Uma mediação bem realizada, por um profissional habilitado, preserva bastante a família dos efeitos danosos e inevitáveis da separação.

A *briga judicial*

Delegar a solução do conflito familiar para um terceiro, que é o juiz, enfraquece a família. Porém, nem sempre é possível solucionar consensualmente as questões familiares. Aquela famosa frase: "Quando um não quer, dois não fazem". Se uma das partes se nega ao diálogo, mesmo que presidido pelo mediador, o judiciário torna-se a única solução. Então, você entrega sua vida, para um terceiro (juiz), que não conhece todas as questões (impossível descrever anos de convívio em um processo), decidir.

A função jurisdicional é extremamente importante, porém, se as pessoas fossem mais bem-resolvidas, o número de processos diminuiria e isso desafogaria o poder judiciário. O problema é que as pessoas não se resolvem nem internamente, então, elas simplesmente preferem jogar tudo nas costas do juiz para que ele decida. Eu sou suspeita, prefiro mil vezes um acordo e ganhar menos honorários em um processo, do que ver uma família desgastada pela briga judicial.

Os juízes dão o seu melhor, mas não conseguem se aprofundar na raiz do problema, pelas características típicas do processo judicial. São anos de convivência, foram muitos momentos, são muitas questões envolvidas; impossível transcrever tudo no papel para o juiz decidir. Admiro demais os juízes das Varas de Família; não é fácil decidir questões tão íntimas das pessoas. Eles analisam tudo o que está nos autos, todavia, as pessoas não conseguem colocar tudo o que realmente sentem e querem.

Lembro-me de José quando chegou no escritório. Ele havia sido traído por Fátima, mas ele a amava. Intimamente, ele não queria se divorciar, mas ele precisava dar um susto nela. A maneira que ele encontrou para se vingar foi me procurar para entrarmos com a separação de corpos. Eu expliquei que eles deveriam conversar, que aquele não era o melhor caminho.

Ela queria o perdão dele, mas ele pensava apenas em revanche. Enfim, ingressei com a separação de corpos, e Fátima nunca mais quis José. Esse caso é uma lição. Nem sempre ingressar no judiciário é o melhor, aliás, deve ser a última opção. Se eles tivessem optado pela mediação ou mesmo por uma terapia de casal, poderiam ter restabelecido o matrimônio. Por isso que sempre digo, é preciso pensar antes de agir.

As ações mais comuns de Direito de Família são: divórcio, separação de corpos, guarda dos filhos, pensão alimentícia, partilha de bens e regulamentação do período de convivência. Todos que passam por uma separação judicial costumam atravessar essas questões. Não só o divórcio é importante, mas também esses fatores. É preciso definir como

172 DIVORCIEI, E AGORA?

ficarão os bens do casal (carros, imóveis, aplicações financeiras, dívidas, motos, barco etc), qual será o tipo de guarda e como vai ser a convivência com ambos os pais, se a esposa voltará a ter o nome de solteira, quem ficará morando no imóvel até que ele seja vendido, se quem ficou precisará pagar aluguel para o outro etc.

Portanto, são questões importantes a serem determinadas. Se for o divórcio consensual, é possível reunir as ações, mas no litigioso (briga), não, e a união depende do caso concreto. Existem outras ações relativas à filiação, por exemplo, mas é assunto muito jurídico para este tipo de livro. Quando há menores envolvidos, o divórcio somente poderá ser feito judicialmente, mesmo que não haja briga, uma vez que o promotor deve proteger os interesses da criança e do adolescente.

Em suma, o processo judicial deve ser a última alternativa para resolver questões de família. Nos casos em que é obrigatório (com filhos menores ou incapazes), ele pode ser feito através de acordo e somente ser homologado judicialmente. O desgaste, os danos e o custo são maiores no judicial, por isso que eu indico tanto as soluções alternativas de conflito e, quando possível, que sejam feitas diretamente no cartório.

14

Novo olhar para os conflitos

" Pessoas não são papéis, sentimentos não são sentenças e destinos não são recursos. "

Marisa Santos Souza Petkevicius

Nem sempre a solução de um conflito dada por um juiz é satisfatória. Me arrisco a dizer: poucas vezes. A culpa não é do juiz, não estou criticando esses profissionais que admiro extremamente. Mas, além de ser um processo mais demorado e com custo mais alto, dificilmente as partes saem satisfeitas. O magistrado vai resolver o "sintoma" daquela briga judicial, e, pouquíssimas vezes, solucionará a "causa" do conflito.

No Direito de Família, tudo começa com uma história de amor que chega ao judiciário. Mesmo tendo uma decisão judicial, o conflito pode permanecer naquela família. Por esse motivo, o judiciário brasileiro começou a implantar as constelações familiares com o juiz Sami Storch, há 12 anos. Esse juiz conhecia a terapia breve chamada Constelação Familiar e passou a usar movimentos sistêmicos dessa terapia em suas audiências. Ele percebeu que a maioria dos conflitos era solucionada quando aparecia qual era a dinâmica daquela família, e as pessoas passavam a enxergar aquela briga por diversas visões diferentes e de fora.

O alemão Bert Hellinger, psicanalista, filósofo, teólogo e pedagogo, sistematizou a chamada Constelação Familiar, trazendo à tona o conceito de multigeracionalidade, ou melhor, comportamentos e padrões que passam através das gerações. Assim, ele observou padrões de comportamentos que se repetiam por gerações, mesmo que as pessoas não percebessem ou até negassem.

Segundo Hellinger, diversos problemas de uma pessoa (traumas, problemas de relacionamento, alcoolismo, abortos, mortes trágicas, doenças graves etc) podem derivar de fatos ocorridos no passado da família do indivíduo, deixando marcas e se repetindo por gerações. Causam os chamados emaranhamentos no sistema familiar, ou seja, gerações futuras repetem comportamentos de seus antepassados.

> *Hellinger percebeu que três leis regem os sistemas familiares; são as chamadas Ordens do Amor: pertencimento, hierarquia e equilíbrio.*

A lei de pertencimento diz que nenhum membro deve ser excluído da família, mesmo cometendo condutas moralmente inadequadas. Se a família excluir um alcoólatra, por exemplo, pode vir em outra geração a compensação inconsciente de algum membro, repetindo o mesmo padrão de alcoolismo, para incluir o excluído. Claro que se a pessoa comete um erro, deve ser responsabilizada, mas todos devem saber de sua existência e respeitar seu papel familiar. Não podem rejeitá-lo e fingir que ele não existe. Senão uma geração futura poderá ser alcoólatra apenas para honrar o excluído e incluí--lo na família.

A lei de hierarquia diz respeito à ordem cronológica, em que cada membro deve ocupar seu lugar. Os que vieram antes têm precedência sobre os que vieram depois, ou seja, um filho não pode ocupar o papel do pai, gerando um fardo muito pesado e um desequilíbrio familiar; cada um deve estar no seu papel. É evidente que os mais velhos podem errar, mas devem ser respeitados, mesmo que os mais jovens não estejam de acordo com suas atitudes. Da mesma forma, um pai não pode assumir a posição de um filho e querer ser cuidado por ele. Isso geraria desequilíbrio na família.

Na hierarquia, há uma ordem em relação ao nascimento dos filhos, que deve ser respeitada. Por exemplo, o filho mais velho é aquele que carrega maior peso e responsabilidades; já o caçula é sempre o mais inovador. Se o mais novo for o que carrega a família nas costas, geralmente essa família está em desequilíbrio. Na ocorrência de um aborto (espontâneo ou provocado), o lugar do filho morto deve ser mantido e preservado, ou seja, mesmo que ele não esteja vivo, deve ser honrado. Em muitas constelações, aparecem abortos e, na maioria das vezes, foram ignorados. Outros filhos ocuparam o lugar daquele que morreu, o que gerou desequilíbrio familiar.

Cada filho deve ter sua posição na família, e o lugar dos que morreram deve ser mantido.

A última lei é o equilíbrio de dar e receber nos relacionamentos; não no sentido de bens materiais apenas, mas de dedicação, tempo, carinho, atenção e afeto. Quando um concede mais e o outro não consegue retribuir, a relação fica prejudicada. Quem deu mais, cobra; quem recebeu e não retribuiu, se sente endividado. Geralmente, quem se sente em dívida não permanece na relação. Muitos casos de traição acontecem por um desequilíbrio dessa lei. É o que os leigos chamam de reciprocidade. As relações humanas tendem a dar certo quando há esse equilíbrio entre as pessoas.

Violadas uma dessas três leis sistêmicas, a família fica em desequilíbrio, e os emaranhados surgem. Os membros do sistema familiar possuem lealdade familiar, e para pertencerem ao seu grupo, farão exatamente o que deles é inconscientemente esperado, ou seja, os padrões fora das leis sistêmicas. A constelação familiar traz à tona tais questões, que podem ser solucionadas mais profundamente.

Desmistificando as constelações familiares

Confesso que a primeira vez que ouvi falar disso, eu tive medo. Já pensei em algo místico ou espiritual e neguei logo de cara. Pensei "que absurdo usarem essa técnica no judiciário". Vi pela televisão uma constelação com pessoas representando e logo achei que se tratava de médiuns recebendo espírito. Mas, eu estava totalmente equivocada. Encontrei um amigo de época de escola, que era advogado e estava trabalhando com essa técnica. Aí comecei a entender do que se tratava.

Temos um campo morfogenético (não me peçam para detalhar), e lá ficam todas as informações de nosso sistema familiar. Bert Hellinger estudou vários dos principais psicólogos e psiquiatras para criar as constelações. Foi estudo científico, não um "chamado dos deuses". Ele percebeu que todas as situações acontecidas com nossos antepassados ficavam nesse campo. Isso não é magia, é física quântica. Na verdade, os representantes não se influenciavam por espíritos, eles sentiam o que estava gravado nesse campo da pessoa e se movimentavam.

Mas, como funcionam as constelações familiares?

As constelações familiares podem ser realizadas em grupo ou individualmente. Nas constelações em grupo, as pessoas são convidadas a participar como representantes dos membros daquela família. Pela posição e pelo que sentem, a dinâmica oculta da família é revelada em algum aspecto, inclusive em aspectos que a própria pessoa desconhece. Vendo a origem do conflito e como os membros se sentem, o emaranhado começa a ser solucionado. As constelações individuais são feitas com o uso de bonecos. A pessoa fica somente com o constelador, que, com o posicionamento dos bonecos e as sensações revela as dinâmicas ocultas para serem solucionadas da mesma maneira que na constelação em grupo.

A constelação familiar é uma terapia breve, porque como diz Sophie, esposa de Bert Hellinger, é um procedimento cirúrgico na alma da pessoa. Ela serve para retirar todos os emaranhados familiares, mexendo em todos os problemas. Não funciona como a terapia tradicional, que ocorre em várias sessões. É apenas uma sessão para cada questão. Não é aconselhável fazer toda hora, até porque ela irá reverberar durante um tempo. Eu me lembro que, após meses da minha experiência com a constelação familiar, aconteciam coisas que me remetiam à sessão de constelação.

O judiciário brasileiro e muitos advogados já usam a técnica de constelações familiares como uma das formas de solução de conflito. É uma abordagem terapêutica do conflito. O ideal é ter um constelador com uma boa formação, sensível, experiente e bem-capacitado, uma vez que a questão familiar é bem delicada e profunda. Fazer constelação com pessoas despreparadas pode ocasionar sérios prejuízos psicológicos ao indivíduo. O bom constelador não é aquele que fez uma formação de um final de semana, mas aquele que estudou profundamente, resolveu suas próprias questões e tem experiência prática em várias constelações.

Nada melhor do que as palavras do precursor das constelações familiares no Brasil, o juiz Sami Storch: "A abordagem sistêmica do Direito, portanto, propõe a aplicação prática da ciência jurídica com um viés terapêutico – desde a etapa de elaboração das leis até a sua aplicação nos casos concretos. A proposta é utilizar as leis e o Direito como mecanismos de tratamento das questões geradoras de conflito, visando à saúde do sistema "doente" (seja ele familiar ou não), como um todo". Portanto, ter uma visão sistêmica não é constelar apenas, mas enxergar todo o sistema familiar e tentar resolver a causa do conflito.

Hoje, existem os advogados sistêmicos, rol no qual me incluo, que enxergam o conflito como um todo e tentam entender suas causas.

Lembro-me de um congresso com a esposa de Bert Hellinger, em que ela chamava as pessoas para fazer constelações no palco. Uma das escolhidas havia sido traída pelo marido, com quem tinha filhos gêmeos de três anos de idade. Quando ela começou a contar a história, eu me sensibilizei e julguei o marido traidor. Qualquer pessoa faria isso.

Ao começar a constelação, com a movimentação dos representantes, pudemos observar que aquela mulher nem olhava para o marido, e ele sempre tentando agradá-la. Não poderia descrever essa constelação aqui, já que durou mais de uma hora. Porém, para resumir para vocês: os dois tinham objetivos diferentes: ela se preocupava com carreira, e ele, com desenvolvimento pessoal. Ela nunca queria ter tido os filhos, e ele a amava muito mais do que ela o amava, então, como houve um desequilíbrio entre dar e receber, ele arrumou uma amante. Foi muito emocionante, porque, na verdade, era nítido que ele estava desesperado para conseguir o amor da esposa. A constelação foi encerrada nesse momento, em que os dois representantes pediram perdão. Mas, esse é apenas um exemplo de como questões tão profundas podem afetar o casal. Se olhássemos somente a traição, não enxergaríamos a dinâmica do casal.

Reiteramos que devemos ter em mente que tudo começou com uma história de amor, e deve ser tratado com a cautela específica. Não podemos simplesmente olhar para as consequências do ato de se divorciar, sem entender o conflito de uma família. A família não acaba, mas continua existindo em outro formato.

15

Práticas Colaborativas

*" O advogado do futuro
não é aquele que propõe
uma boa demanda,
mas aquele que a evita. "*

Luís Roberto Barroso

Divórcio não é sinônimo de briga. Em inúmeros casos, há o conflito, mas há diversas formas de gerenciar esse conflito. Além de todos os métodos mencionados, existem as práticas colaborativas.

E o que seriam essas práticas colaborativas?

É uma abordagem extrajudicial com uma equipe multidisciplinar, ou seja, com a ajuda de profissionais de outras áreas. Não existem adversários, as partes buscam um acordo sustentável para que a família seja restabelecida da melhor maneira possível após o divórcio. A equipe multidisciplinar é composta, geralmente, por profissionais de diferentes áreas: advogados colaborativos, *coach* familiar, psicólogo, especialista em criança e adolescente e consultor em finanças.

Tudo começou com um renomado advogado norte-americano, chamado Stuart Webb. Ele percebeu que, mesmo nos divórcios em que ele obtinha êxito, o processo judicial trazia efeitos desastrosos para o sistema familiar. Mesmo os clientes vencedores não saíam satisfeitos, e o desgaste familiar era enorme. Com isso, ele mudou sua maneira de atuar, e somente seria advogado em causas por meio de "acordos".

Se ele não conseguisse realizar de maneira consensual, ele mandava o cliente para outro advogado representá-lo judicialmente. Assim, outros advogados começaram a aderir a essa prática da não litigância, ou seja, sem briga, fazendo surgir definitivamente as práticas colaborativas. Os advogados colaborativos são impedidos de ajuizarem ações judiciais posteriormente. Portanto, se não conseguiram acordo, não podem advogar nesses casos.

A psicóloga Peggy Thompson, anos mais tarde, agregou às práticas colaborativas profissionais de outras áreas, gerenciando melhor os conflitos que são inerentes aos seres humanos. Todas as facetas dos conflitos passaram a ser observadas, não somente a questão jurídica, como o lado emocional, psicológico e financeiro.

O advogado analisará as questões jurídicas para o acordo, o psicólogo e o *coach* orientarão a família nos aspectos emocional e psicológico, o especialista em criança e adolescente abordará as questões relativas aos filhos, e o consultor financeiro verificará a partilha de bens, planejamento, bens, dívidas etc.

Assim, as famílias se reestruturam de maneira mais humanizada e realista após o divórcio. Não apenas uma questão fica resolvida, mas a raiz de todos os problemas familiares.

Pelo acordo, não há ganhadores ou perdedores, os dois ganham.

Os próprios envolvidos poderão achar a melhor solução para sua vida após a dissolução do relacionamento, com a ajuda dessa equipe multidisciplinar. A intenção é que as partes não sejam adversárias, mas colaborem no gerenciamento de seu conflito. Tem coisa melhor do que todo mundo sair satisfeito?

No Brasil, já existem diversos advogados que adotam tais práticas colaborativas. Todos os profissionais envolvidos assinam um termo de não litigância (não podem discutir, devem fazer acordo) e um termo de confidencialidade. Se não houver acordo, todo ambiente é protegido e nada pode ser usado em futuro processo judicial. Alcançado o acordo, os advogados fazem uma minuta, e as partes assinam. Se houver filhos menores, deve haver homologação judicial, depois de ouvido o promotor de justiça; caso não haja, o acordo pode ser registrado em cartório.

As práticas colaborativas ainda são procedimentos novos em nosso país. Estão chegando de mansinho, mas estão conquistando advogados que pensam no bem-estar das famílias. O ministro Barroso, do STF, diz que advogado bom não é aquele que ganha a briga ou briga melhor, mas aquele que evita a briga. Infelizmente, nossa cultura litigiosa, de querer "pôr tudo na justiça", precisa mudar, porém, nós advogados devemos ser os primeiros a nos transformarmos, para depois expor essas soluções aos nossos clientes.

Se você, que está lendo este livro, está se divorciando, antes do processo judicial, conheça essas outras maneiras de gerir o seu conflito. O problema existe, mas pode ser solucionado de maneira a causar menos danos a todos os envolvidos.

16

Família Humanizada

" Na ideia de família, o que mais importa – a cada um de seus membros e a todos a um só tempo – é exatamente pertencer ao seu âmago, é estar naquele idealizado lugar onde é possível integrar sentimentos, esperanças e valores, permitindo, a cada um, sentir-se a caminho da realização de seu projeto pessoal de felicidade. "

Conrado Paulino da Rosa

Os vínculos afetivos não são prerrogativa do homem, o acasalamento entre os animais sempre existiu, causado pelo instinto da perpetuação da espécie e pela tendência natural ao agrupamento. É tanta a aversão pela solidão, que muitas pessoas acham que a felicidade somente pode ser encontrada a dois. Hoje, não vivemos sozinhos, o que mudou foi a troca rápida de parceiros e a ocorrência das relações instantâneas, os famosos "amores líquidos". E, apesar de as pessoas se tornarem cada vez mais autossuficientes e solitárias, no fundo, a maioria quer uma companhia, mas tem medo de se envolver.

A família é o primeiro agente socializador do indivíduo, em que ele se desenvolve em todos os sentidos: físico, mental, psicológico, emocional e espiritual; ou seja, a família é a base da sociedade e do indivíduo em si.

A família, antigamente, era somente aquela formada por meio do casamento entre um homem e uma mulher. O dicionário a descrevia da seguinte forma: "1. Grupo de pessoas, formado especialmente por pai, mãe e filho(s), que vivem sob o

192 Divorciei, e agora?

mesmo teto. 2. Grupo de pessoas ligadas entre si pelo casamento ou qualquer parentesco". Esse era o único modelo aceitável. A família era, então, somente aquela oriunda do casamento, formada por um casal heterossexual e seus filhos.

A família mudou, e o afeto passou a ser a base das relações familiares.

Com isso, o próprio dicionário Houaiss mudou o seu conceito. Agora família é definida como *"núcleo social de pessoas unidas por laços afetivos, que geralmente compartilham o mesmo espaço e mantêm entre si uma relação solidária".* Atualmente, não se define mais família simplesmente por uma relação amorosa-afetiva, mas família é o núcleo de pessoas unidas pelo afeto, que nem sempre é o de relacionamento amoroso-conjugal. Duas irmãs que moraram juntas a vida toda *são consideradas família.* Os casais homoafetivos, com ou sem filhos adotivos ou por reprodução humana assistida, são considerados uma família. A mãe sozinha em casa com seus filhos é uma família. O casal que trouxe filhos de relacionamentos anteriores é uma família, e nesse caso, uma grande família. Até mesmo a pessoa que vive sozinha pode ser considerada família unipessoal.

As famílias monoparentais são formadas por um dos pais, que permanece com seus filhos. O outro genitor pode ter morrido e os filhos convivem com o(a) viúvo(a), ou o casal se separou e os filhos permanecem com um deles. Independentemente do motivo, a família monoparental é constituída por um dos pais com seus filhos. As famílias anaparentais são aquelas formadas por duas irmãs, por exemplo, que não se casaram, mas sempre moraram juntas. E as famílias "mosaico" são aquelas que trazem filhos de relacionamentos anteriores, como "os meus, os seus e os nossos".

Apesar de o ordenamento jurídico não definir a família, o próprio dicionário acompanhou a evolução da sociedade e trouxe o conceito mais correto para família. O casamento deixou de ser a única forma familiar, dando lugar a todas as demais formas, baseadas no afeto. Portanto, *não importa se a* família vem do casamento, união estável, uniões homoafetivas, se é monoparental, anaparental, unitária ou mosaico; família é família, são as pessoas unidas por um vínculo afetivo que vivem juntas.

Família é o lugar onde nos desnudamos, onde mostramos nossas qualidades e nossos defeitos.

Diferentemente de como nos apresentamos perante a sociedade, na família, *não conseguimos usar máscaras* 24 horas por dia, somos simplesmente como somos. É por isso que na família temos nossos maiores desafios e, muitas vezes, nossos maiores conflitos. É onde temos de exercitar a paciência, a compreensão, a solidariedade, o amor, a tolerância. Nem sempre parecemos com nossa família, mas aí temos de aprender a conviver com as diferenças e respeitar o outro como ser único.

A partir do momento em que aparecem diversas formas de família, o seu tratamento deve ser mais humanizado. Devemos considerar as necessidades e a satisfação de cada um de seus membros. Todos são seres desejantes e estão em busca da felicidade. O respeito deve existir independentemente do formato da relação entre as pessoas que convivem no núcleo familiar. Não basta resolver um problema familiar isolado, a família deve ser ressignificada. Para tanto, não é somente o advogado que resolve o problema ou toma a decisão judicial; dependendo do caso, é necessária a intervenção de um terapeuta de casal, psicólogo, constelador familiar ou um *coach* sistêmico.

Apesar de todas as dificuldades, que, evidentemente, toda família tem, viver sem um núcleo familiar é uma das piores coisas que pode acontecer na vida de alguém. Independentemente do formato que a família tenha, como dizia a música: "Consideramos justa toda forma de amor".

17

Divórcio é o fim do mundo?

" Às vezes acreditamos que não tem uma luz no fim do túnel. Porque a luz não está no fim do túnel, está aqui dentro de você. Está muito mais perto do que você imagina. Não precisa buscar lá fora o que está aqui dentro. "

Prem Giti Bond

Em primeiro lugar, em que mundo estamos vivendo hoje?

Geração das redes sociais, em que os que estão próximos estão desconectados, porque estão conectados a outras pessoas de longe. Mundo da "fake" perfeição, onde a grama do vizinho é mais verde, porque geralmente é artificial. Hoje é mais importante mostrar que se é feliz do que ser efetivamente feliz. Se você não posta nas redes sua felicidade, então, é porque há algo errado. Além disso, aumentou o número de traições virtuais e o número de suicídios. Eu uso redes sociais, gosto, mas não me iludo com as postagens alheias.

O mundo está perdido?

Nunca se consumiu tanto álcool, drogas, ansiolíticos e antidepressivos. Todo excesso esconde uma falta. Pessoas bonitas, bem-sucedidas e com vazio interno. Ninguém mais pensa no outro, e as pessoas estão se tornando cada dia mais egoístas, preferindo viver em sua "bolha". Falta a tal da empatia, de se colocar no lugar do outro. O mundo egoísta, onde cada um vive no seu mundinho isolado cheio de relações superficiais e cheio de gente perdida. Ninguém mais se aprofunda em nada. É a busca constante pela perfeição, o melhor carro, a melhor casa, o mais bonito, a mais sedutora, o mais inteligente, o mais rico, o mais bem-sucedido, a mais empoderada, e por aí vai! A era do relacionamento virtual e do *nude*, em que deixaram perder o melhor, que é o olho no olho.

A vida não é superficial! Todos nós, no fundo, sabemos disso, e é por essa razão que as pessoas procuram cada vez mais asilo nas drogas e medicamentos. As pessoas passaram a ter medo de ficarem sozinhas consigo mesmas e de se autoconhecerem. Mesmo em casa, elas estão falando com alguém via *internet*. É a carência sendo suprida virtualmente.

Está faltando AMOR, mas não no mero sentido de relacionamento amoroso. Amor ao próximo, amor a si mesmo. O tal do amor universal.

Será que as pessoas têm medo de amar?

As pessoas podem ter tido tantas decepções, que se blindaram a ponto de não quererem amar novamente. Preferem viver relacionamentos líquidos do que correr o risco de sofrer. Mas, tem coisa melhor do que amar e ser amado? A vida é feita de momentos e incertezas, por que não correr esse risco? Ame, e ame muito.

Por que será que a gente ainda perde tanto tempo jogando o jogo que o mundo nos oferece? Por que será que o ser humano ainda tem de usar tantas máscaras no seu dia a dia? Por que será que perdemos tanto tempo conquistando coisas materiais, se são justamente essas que não serão levadas? É legal viver uma vida confortável? É! Mas não é tudo.

Sabe o que a gente realmente leva da vida? O amor vivido, as boas ações realizadas, as amizades feitas, os problemas familiares superados, o aprendizado conquistado e, principalmente, os valores morais adquiridos, muitas vezes, depois de muita cacetada da própria vida.

Então, será que não está na hora de pararmos um pouco e pensarmos? Deixamos de falar com pessoas que gostamos, brigamos por bobeira, temos nosso orgulho ferido, queremos ser melhores em tudo, os mais ricos, os mais inteligentes, os mais sarados, os mais bonitos; nos anestesiamos no álcool e nas drogas, ficamos nos protegendo o tempo todo das dores e estamos adoecendo com isso.

É o jogo de quem vai dar o braço a torcer, de quem elogia menos, de quem se importa menos. Olha a que ponto o ser humano está chegando. Não seria mais fácil vivermos a lei divina de amor e caridade?

Todas essas mudanças refletiram na família.

Antes a família era patriarcal, em que o pai mandava, a mãe era submissa e cuidava dos filhos, não havia diálogo entre pais e filhos, era um relacionamento verticalizado. Não existia divórcio, regime de bens era comunhão universal (por esse motivo), e a expectativa de vida era baixa (divorciar para que, se vamos morrer cedo).

Agora, com a emancipação das mulheres, expectativa de vida maior e lei do divórcio, o panorama da família mudou. A família está horizontal, é baseada no afeto, homens e mulheres se assemelham em direitos e obrigações, ambos cuidam dos filhos e trabalham, e há diálogo entre pais e filhos. Além disso, a família homoafetiva foi reconhecida, então, quando falo de homens e mulheres, deve-se entender também como homem e homem, mulher e mulher. O Direito acompanhou a evolução da sociedade até chegar neste atual estágio.

Hoje, o divórcio veio para aqueles que querem ser felizes com outras pessoas ou mesmo sozinhos. Antigamente, como existia somente o desquite, as pessoas costumavam viver relações ditas impuras, o concubinato. Óbvio que atualmente existe traição, ainda mais nesta Era digital, em que qualquer briga é motivo para procurar alguém melhor no *Facebook* e *Instagram*. Mas é ilusório!

Ninguém é tão perfeito como em suas redes sociais.

Se antes tínhamos oito canais de televisão, hoje com *Netflix* e *Now* temos inúmeros, mas sempre estamos insatisfeitos, buscando a série mais legal ou o filme mais interessante. Com tantas opções, nem sabemos o que escolher. E assim está acontecendo com tudo.

Em primeiro lugar, as pessoas devem voltar a dar valor à família e ao relacionamento. Para estarem casadas ou vivendo em união estável, devem estar conscientes de que a paixão não dura a vida toda e de que ninguém é perfeito. Precisam aprender a conviver com o defeito do outro e a aceitar o outro como ele é. Precisam estar cientes de que a grama do vizinho não é melhor do que a própria. Amar é assim. Amor é construção, é aceitação, é não julgar. Agora, se mesmo assim não estão felizes, aí devem considerar o divórcio como uma opção.

Sempre digo que o divórcio deve ser a última opção, principalmente quando se tem filhos. Não é na primeira briga e nem diante de apenas um defeito que devemos jogar tudo para o alto. Deve se tentar até o final. Paciência é a chave! Se realmente a infelicidade bater à sua porta, aí sim você pode tomar essa decisão.

Todo mundo merece ser feliz, e as pessoas vão mudando ao longo dos anos. Nem sempre o cara com quem você casou é o mesmo, anos depois. Você também já não é mais a mesma pessoa. Então, o divórcio não é o fim do mundo, é apenas um projeto de vida que não foi como você imaginou e acabou, afinal, ninguém se casa para se separar.

Mas, a união entre duas pessoas deixa consequências, como filhos e patrimônio. Os filhos têm o direito de ter pais felizes, juntos ou separados. Não existem ex-pais, nem ex-filhos.

O Casal Conjugal deixa de existir no divórcio, mas o Casal Parental continua.

Ambos devem desenvolver essa coparentalidade da melhor maneira possível, com respeito e dedicação. Filhos não podem ser objeto de disputa, nem de vingança. São apenas seres em desenvolvimento, cujos pais têm obrigação de lhes dar segurança, educação, convivência, apoio material, moral e psicológico. Os filhos devem permanecer em primeiro lugar, assim, o divórcio é absorvido melhor.

Em suma, divórcio não é o fim do mundo, quando realizado com consciência e de maneira humanizada. Porém, nem sempre isso é possível, porque depende da disponibilidade de duas pessoas. Mas, não podemos perder a esperança, devemos estimular a cultura do diálogo e utilizar de um Direito mais humanizado. Quando esgotados todos os meios que citei neste livro, o processo judicial é necessário, e o desgaste emocional e financeiro será maior.

Em Direito de Família, não há uma fórmula pronta, cada caso é um caso. Cada família é única! Tudo depende do caso concreto. Procure sempre um advogado especialista, porque nem sempre o advogado DA família é advogado DE família. É um ramo extremamente dinâmico, porque as decisões dos Tribunais Superiores inovam com frequência e a cada dia. Então, um profissional especialista nessa área está mais antenado. Mas, não se esqueça: tente, primeiro, as soluções alternativas de conflito com pessoas especializadas e com boa formação. Se nada disso der resultado, como última opção, acione o judiciário.

Divórcio não é o fim do mundo, desde que bem administrado!

A família continua existindo com pais juntos ou separados, e os filhos devem ser preservados. A família mudou apenas sua conformação, e os membros precisam se adaptar a essa nova realidade. Contudo, nem sempre é fácil, por isso que expliquei as diversas maneiras de resolver as questões, agora, cabe a você eleger a melhor.

Como diz a música "Depois", de Marisa Monte:

"Depois de sonhar tantos anos

De fazer tantos planos

De um futuro pra nós

Depois de tantos desenganos

Nós nos abandonamos como tantos casais

Quero que você seja feliz

Hei de ser feliz também".

E é assim que tem de ser. Divórcios e separações acontecem, mas a vida é vivida daqui para frente. Todo mundo merece ser feliz!

Definitivamente, divórcio não é o fim do mundo, é o fim de uma etapa de nossa vida e o começo de outra fase.

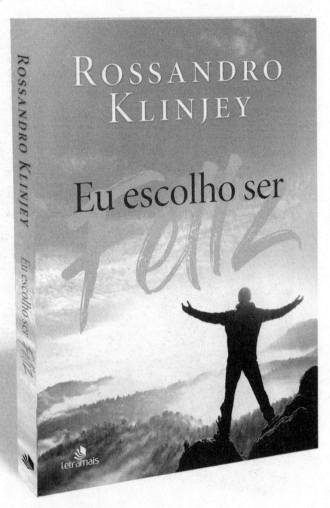

Eu escolho ser feliz
Rossandro Klinjey

O psicólogo clínico, Rossandro Klinjey, traz sua ampla experiência e nos convida, neste maravilhoso livro, a fazermos uma conexão conosco, a fim de descobrirmos a relação entre a nossa felicidade e a aceitação de quem somos no mundo.

Empatia - Por que as pessoas empáticas serão os líderes do futuro?
Jaime Ribeiro

As pessoas estão permanentemente conectadas e nunca houve tanta informação e conteúdo disponíveis, as habilidades humanas se tornam as maiores fortalezas individuais para construir uma sociedade melhor. A empatia será a habilidade mais requisitada em um futuro muito próximo, dominado pelas interações digitais.

A bússola e o leme
Haroldo Dutra Dias

Haroldo Dutra Dias, neste livro fantástico e inovador, traz o resultado de vinte anos de estudos e pesquisas demonstrando que somos portadores de um inato senso de direção e sentido e aponta caminhos para ativarmos esses potenciais em momento oportuno.

Para receber informações sobre os lançamentos da
LETRAMAIS EDITORA,
cadastre-se no site

letramaiseditora.com.br

Para saber mais sobre nossos títulos e autores, bem como
enviar seus comentários sobre este livro, mande e-mail para

@ atendimento@letramaiseditora.com.br

facebook.com/letramaiseditora

instagram.com/letramais